1021

L'ANE MORT.

PARIS. — Typ. Lacrampe et Comp., rue Damiette, 2.

L'ANE MORT

PAR JULES JANIN.

ÉDITION ILLUSTRÉE

PAR TONY JOHANNOT.

Paris,
ERNEST BOURDIN, ÉDITEUR,
51, RUE DE SEINE-SAINT-GERMAIN.

1842.

AVIS AU RELIEUR

POUR LE

PLACEMENT DES GRAVURES DE L'ANE MORT.

	Pages.
Portrait de l'Auteur en regard du frontispice.	
Henriette et l'Ane.................	18
Magnétisme	64
La Quêteuse....................	66
L'inventaire....................	92
Le Père et la Mère................	116
Sortie de l'Hôpital................	168
Entrée au Théâtre................	178
Arrestation....................	204
Le Geôlier.....................	229
Le Chiffonnier...................	270
Clamart.......................	299

PRÉFACE.

La présente histoire n'est pas écrite par un de ces auteurs qui refusent à la Critique le droit d'interroger un écrivain sur son œuvre, et de lui demander, avant que de lire son livre : — A quoi bon tel sujet ? pourquoi ce héros ? d'où vient-il ? et enfin, où donc me conduisez-vous ?

Au contraire, l'auteur reconnaît à la Critique son droit imprescriptible de complète interrogation, et il le reconnaît dans son entier; seulement il se permet de trouver que, dans bien des cas, la question : où allez-vous? qui êtes-vous? que demandez-vous? est des plus embarrassantes. — A de pareilles questions, l'auteur ne saurait que répondre, en vérité.

Cependant il n'ignore pas que même, critique à part, il y a dans le monde une race oisive et redoutable d'innocents gentilshommes qui ne savent pas d'autre occupation que celle de vous interroger à tout propos; ces gens-là vous les trouverez en tous lieux, sous la forme inquiétante d'un point d'interrogation? — hommes d'autant plus gênants, qu'ils peuvent vous être fort utiles, car, pour si peu que vous soyez dociles à leurs questions, pour un rien, ils vous suivent très-volontiers partout où vous voulez les conduire. Ces braves gens suivront, tête baissée, votre imagination vagabonde, comme autant de moutons de Panurge; ils lui tiendront l'étrier au besoin; seulement il est bien entendu que si vous tenez à en être applaudi longtemps et suivi longtemps, il est absolument indispensable que vous leur expliquiez au préalable le *qui?* le *quoi?* le *où?* le *pourquoi?* le *comment?* et le *quand?* de votre livre; et, je le répète, par la littérature qui court, rien n'est plus difficile que ces explications au préalable.

Je suis, il est vrai, aussi bien que personne, qu'à son premier voyage dans le domaine des inventions, il serait facile à un écrivain peu timoré d'aborder ces gentilshommes le chapeau à la main; puis, avec l'humilité d'une préface du dix-septième siècle ou d'un couplet final de vaudeville moderne, on pourrait leur promettre effrontément de les conduire à Séville ou à Londres; au Kremlin ou à Saint-Pierre de Rome, par les plus beaux sentiers, les mieux connus et les plus frayés, et alors, les honnêtes gens qu'ils sont, ils vous suivraient, et sans nul doute, tout d'abord, les yeux fermés.

Mais ce n'est pas tout que d'entreprendre un voyage, il faut l'achever. Que le plus malheureux coucou de Saint-Denis me charge pour la vallée de Montmorency ou pour les eaux d'Enghien, et qu'il me dépose au milieu de la route poudreuse de Pontoise, j'imagine que je serai fort mécontent. De même si, après vos belles promesses, au lieu de jeter votre lecteur dans quelque ville morte de l'Orient, au milieu de ces palais et de ces sphinx contemporains de Sésostris, vous lui faites passer la nuit dans quelque misérable auberge mal servie par une vachère en haillons, à la lueur d'une lampe enfumée, vous verrez si vous le trouverez disposé à vous suivre une seconde fois.

D'où je conclus, à coup sûr, qu'à cette première question que la Critique adresse nécessairement à un livre nouveau : *où allez-vous ?* c'est non-seulement pour l'auteur un devoir de répondre, mais encore une bonne précaution à prendre, un passe-port qui peut lui être d'une grande utilité plus tard, dans cette route si incertaine, si mal entretenue, si obscure, de la faveur populaire.

Ainsi fais-je aujourd'hui ; cependant c'est à peine si je sais moi-même ce que c'est que mon livre ;

Si, par exemple, je n'ai fait là qu'un roman frivole ;

Ou une longue dissertation littéraire ;

Ou bien encore un sanguinaire plaidoyer en faveur de la peine de mort ;

Ou même une histoire personnelle ;

Ou, si vous aimez mieux, quelque long rêve commencé dans une nuit d'été lourde et chaude, achevé au milieu de l'orage.

Quoi qu'il en soit, mon livre est fait ; le voici : maintenant, à la grâce de Dieu et du lecteur !

A peine sorti de ma retraite, mon œuvre à la main, j'ai rencontré tout à coup la Critique, cette capricieuse déesse dont on parle en sens si divers ; je l'ai reconnue à son air ennuyé ; dès le premier abord, elle a été impitoyable à mon égard ; c'était pourtant la première fois qu'elle me voyait.

Elle a commencé par me demander si j'étais un poëte ; et lorsque dans toute l'humilité de mon âme je lui eus répondu que non-seulement je ne l'étais pas, mais que je ne l'avais jamais été, elle est devenue plus affable ; seulement elle m'a conseillé de prendre un air plus grave et moins content de moi-même, et surtout de me couvrir d'un manteau plus prosaïque pour le voyage périlleux que je voulais accomplir.

Après quoi elle a voulu savoir le nom de mon œuvre ; quand elle a su que je l'avais intitulée : *l'Ane mort et la Femme guillotinée* (1), son front est redevenu sévère ;

---

(1) Cette fois, arrivé à la septième édition, l'auteur a fait disparaître ce second titre du frontispice de son livre, et il pense qu'il a bien fait.

elle a trouvé que ce n'était là qu'une bizarrerie usée, sans vouloir comprendre que je n'avais pas trouvé de titre plus exact.

Elle a repris son air affable quand je lui ai juré sur mon âme et conscience que, malgré ce titre bizarre, il ne s'agissait rien moins que d'une parodie ; que le métier de loustic littéraire ne convenait nullement à mon caractère et à ma position ; que j'avais fait un livre sans vouloir nuire à personne ; que si mon livre était par malheur une parodie, c'était une parodie sérieuse, une parodie malgré moi, comme en font aujourd'hui tant de grands auteurs qui ne s'en doutent pas plus que moi-même je ne m'en suis douté.

Mais tout à coup son visage redevint sombre et soucieux quand, forcé de lui répondre de nouveau, je lui expliquai que j'avais écrit de sang-froid l'histoire d'un homme triste et atrabilaire, pendant que dans le fait je n'étais qu'un gai et jovial garçon de la plus belle santé et de la meilleure humeur ; que je m'étais plongé dans le sang sans avoir aucun droit à ce triste plaisir, moi qui, de toutes les sociétés savantes de l'Europe, ne suis encore que membre très-innocent de la société d'Agronomie pratique qui m'a fait l'honneur, il y a deux mois, de m'admettre dans son sein, le jour même où M. Etienne fut reçu.

Cet air fâché de la Critique me fit grand mal ; je vis renaître le sourire sur ses lèvres quand, pour m'excuser de l'affreux cauchemar que je m'étais donné à moi-même, je lui racontai que pour n'être pas la dupe de ces émotions fatigantes d'une douleur factice, dont on abuse à la journée, j'avais voulu m'en rassasier une fois pour toutes, et démontrer invinciblement aux âmes compatissantes, que rien n'est d'une fabrication facile comme la grosse terreur. Dans ce genre, Anne Radcliffe, si méprisée aujourd'hui, est un véritable chef de secte. Bien longtemps avant le cabinet d'anatomie de Dupont, elle avait deviné les pustules sanguinolentes et les écorchés en cire ; nous n'avons fait que creuser plus avant à mesure que nous avons mieux appris l'anatomie. J'ai voulu profiter comme les autres des progrès de la science ; au lieu de tailler ma plume avec un canif, je l'ai taillée avec un scalpel, voilà tout.

Puis la Critique me prit en grande pitié quand je lui expliquai par quels efforts incroyables j'étais arrivé à l'horrible, quelle peine je m'étais donnée pour mêler quelque chose de moi à mon atroce fable. Sa pitié alla jusqu'aux larmes quand elle sut que le cœur et l'âme de mon héroïne n'étaient peut-être qu'une triste réalité, et que mon livre était non-seulement une étude poétique que j'avais voulu faire, mais encore les mémoires exacts de ma jeunesse : elle n'eut presque plus la force de me gronder.

Toutefois elle s'emporta violemment lorsqu'au milieu de tous ces récits et au plus fort de tout ce fracas de style qui lui plut d'abord et qui finit par la fatiguer, la Critique ne trouva pas une idée morale, pas un mot qui allât au-delà du fait matériel ; rien, au milieu de tant de descriptions complètes, que des formes et des couleurs ; tout ce qui fait le monde physique, rien de l'autre monde, rien de l'âme ; elle fut prête un instant à s'éloigner de mon livre avec dédain.

Comme c'était là le reproche qui m'était le plus sensible et le défaut dont je rougissais le plus, intérieurement, je tombai aux pieds de mon juge, et, tout tremblant, je lui expliquai comment ce vice dans mon livre n'était pas le vice de mon cœur; comment il appartenait entièrement au genre que j'avais voulu exploiter; comment mon but aurait été tout à fait dépassé si j'avais parlé d'autre chose que des choses qui tiennent aux sens; et à ce propos j'invoquai la poésie descriptive, telle qu'on l'a faite depuis M. Delille jusqu'à nos jours, et je parvins à faire comprendre à mon juge qu'il fallait accuser de cette sécheresse le genre d'émotions auxquelles je m'étais livré dans un moment de désespoir, pour n'y plus revenir, n'en doutez pas.

Ici la conversation devint amicale et plus intime entre moi et mon juge. Je n'étais ni un chef de secte ni un séide littéraire; j'étais un de ces simples écrivains qui vont où ils peuvent, qui ne font pas école, qui n'engendrent pas de schismes, dont on s'occupe quand on a le temps, et qui ont autre chose à faire eux-mêmes que de pousser à une renommée à laquelle d'ailleurs ils ont la bonne foi de ne prétendre pas.

Nous eûmes donc, la Critique et moi, une grande dispute sur ce qu'on appelle *la vérité dans l'art*. Je lui expliquai que, dans le système moderne, le vieil Homère n'aurait pas pu arriver à cette espèce de vérité, par la seule raison qu'Homère était aveugle. Qu'en effet (je parle toujours dans le système moderne), il fallait voir avec les yeux du corps bien plus qu'avec les yeux de l'esprit, pour être dans le vrai; que lorsqu'on avait vu il fallait dire ce qu'on avait vu, tout ce que l'on avait vu, rien que ce qu'on avait vu; que l'art était là tout entier; que Milton en a menti quand il a déchaîné son armée d'anges et de diables; que le Tasse en a menti quand il a élevé dans les airs l'élégant palais d'Armide; que toute la poésie épique en a menti en masse quand elle s'est lancée dans le monde invisible, et qu'enfin il n'y avait de vrai que *la Pucelle* de Voltaire et le *Charnier des Innocents*. — La Critique m'écoutait comme si elle eût entendu parler un fou.

Et pour preuve, je lui racontai l'histoire d'une tête coupée dans le Sérail, et le Grand-Seigneur montrant à un peintre français comment les veines d'un homme décapité se resserrent au lieu de se dilater. Avant ce terrible mahométan tous les peintres qui avaient représenté la décollation de saint Jean-Baptiste, Poussin lui-même, en avaient donc menti par la gorge de leur martyr!

D'où il suit, encore une fois, qu'avant de parler d'une chose, il faut la voir de ses yeux, la toucher de ses mains. Vous parlez d'un mort, allez à l'amphithéâtre; d'un cadavre, déterrez le cadavre; des vers qui le rongent, ouvrez le cadavre. Si, par hasard, vous trouvez que c'est là rétrécir singulièrement le monde poétique, que de le renfermer dans les étroites limites de vos cinq sens, de le rapetisser assez pour qu'il tienne dans vos deux mains, ou que votre rayon visuel puisse l'embrasser tout entier, on vous répondra qu'à cet inconvénient dans le vrai, il existe un remède, la description. Maintenant qu'il vous est défendu d'avoir la vue très-longue et en même temps de vous servir du télescope, la loupe vous reste; ainsi armé, vous serez l'homme des infiniment petits; vous serez le poëte, ou, ce qui revient au même, l'anatomiste des détails; votre domaine, pour être ainsi rétréci, n'en sera pas moins un vaste domaine. Allons donc! Vous passiez autrefois de la masse aux détails, de la façade aux corniches, du tout à la partie; aujourd'hui la marche est changée. Une ruine imposante s'élève là-haut au sommet de cette montagne; si vous voulez la bien voir, commencez par étudier ce petit fragment de pierre; cette pierre s'est détachée de cette petite fenêtre à ogives qui éclairait la vieille chapelle du château; la chapelle touche aux tourelles, les tourelles touchent à la place d'armes... si bien que voilà tout un monde retrouvé à propos de ce fragment; vous n'avez plus qu'à grimper ainsi quelque temps, du grain de sable au rocher, pour atteindre cet homme à *festons* et à *astragales*, dont se moquait Despréaux.

Vous voyez que ceci n'est pas une nouveauté déjà si nouvelle, et que dans la poésie moderne tout se compense : le tout par l'unité, le monument entier par un fragment brisé, les faits par la parole, la pensée par la description, le drame par le récit, la poésie par la prose, l'imagination par le coup d'œil, le monde moral par le monde physique, l'infini par le fini, l'*Art poétique* par la préface du premier venu.

J'ai donc usé de mon droit de nouveau venu et de la nouvelle charte poétique, en mettant le rien à la place du quelque chose; et si par hasard, même de ce néant où je me suis placé, je rencontrais quelque possesseur jaloux qui, avec la hardiesse du premier occupant, vînt me dire : *Ote-toi de mon chaos!* comme Diogène disait à Alexandre : *Ote-toi de mon soleil!* je représenterais humblement à ce maître du vide, qu'il a tort de se mettre ainsi en colère; que le chaos appartient à tout le monde, surtout quand il n'y a plus que du chaos; que pour être le premier qui se soit logé dans ce je ne sais quoi sans forme et sans couleur, il n'est pas le premier, à coup sûr; que je pourrais lui en nommer bien d'autres qui y sont restés embourbés avant lui, et qu'enfin les ténèbres sont assez vastes pour que lui et moi nous nous bâtissions dans ces Landes ténébreuses chacun un beau palais de nuages, où nous logerons à notre gré des bourreaux, des forçats, des sorcières, des cadavres, et autres agréables habitants bien dignes de cet Éden. Pour moi, dans la construction de mon château gothique, je n'irais pas nonchalamment.

D'abord je choisirais, sur le haut de quelque montagne ou sur le bord de quelque rivière, un vaste emplacement; et quand mon emplacement serait trouvé, je creuserais un large fossé, que le temps remplirait d'une boue noire et verte; sous ce fossé je placerais une prison féodale aux murs suintants, et pour tout meuble, quelque gril de quatre pieds pour y brûler à petit feu le juif vagabond; au-dessus de ma prison, de larges salles pour mes archers et mes hommes d'armes; et sur les murs, en guise de tableaux, des armets, des cuirasses, des cuissards, des gantelets, des arquebuses aux mèches flamboyantes, des arcs détendus aux cordes sonores, du fer partout, des fenêtres ouvertes à tous les vents.

Après la salle des feudataires viendrait une salle de cérémonie tout enveloppée d'une vaste tapisserie soulevée, par la bise du soir et animée par de gigantesques figures de l'Histoire sainte, lente et formidable création de l'aiguille de nos grand'mères. Je vois déjà les vastes fauteuils, l'âtre immense, les torches attachées à des bras de fer aux murs de cette demeure féodale; puis, à côté de cette salle si favorable aux fantômes, une autre salle pavée de grosses dalles, pour servir aux banquets; la table est chargée de viandes et de vins; les paladins s'y pressent en masse, chacun vêtu de son écharpe et portant les couleurs de sa dame; on mange, on boit, on s'enivre, on se bat, on blasphème. Cependant les tours s'élèvent, lourdes, meurtrières, percées de trous, jusqu'à ce qu'enfin le château étant achevé, l'architecte s'aperçoive qu'il a perdu son temps à élever une masse inutile, et qu'il eût bien mieux fait, puisqu'il en voulait au moyen-âge, de se construire à meilleur marché un moyen-âge de carton ou de terre cuite.

Il faut, en général, se méfier des mauvais tours de l'imagination; car si elle n'est un peu guidée par le bon sens, l'imagination est un pauvre architecte. Laissez-la faire, cette folle du logis, elle va changer tous les temps, dénaturer tous les lieux, effacer, niveler à tout hasard. Elle placera des créneaux au troisième étage d'une maison bourgeoise; elle entourera de fossés le demi-arpent de salade d'un fermier de Nanterre; folâtre et insouciante comme une fille qui n'a pas à s'occuper d'amour, l'imagination prend la forme de ruines amoncelées à la chapelle moderne, les blancs fantômes à la chambre dorée où tout est marbre et acajou. De là résulte souvent une espèce de *donquichottisme* littéraire, plus ridicule mille fois que tout ce que nous savions en fait d'anachronismes.

A tout prendre, ce paladin de la Manche qui s'en va dans la campagne, cherchant des torts à redresser, des géants à pourfendre, et tout prêt à se faire tuer pour la veuve, pour l'orphelin, pour la dame de ses pensées, est une figure respectable dont on est fâché de s'être moqué, lorsqu'on vient à réfléchir quel noble cœur recouvrait cette armure de carton, quel brave homme portait ce cheval efflanqué, quel bon maître servait cet écuyer grotesque ; on est irrité contre soi-même du plaisir qu'on a pris à cette admirable histoire, parce qu'il y a là, en effet, beaucoup plus de l'homme moral que d'autre chose, et qu'un seul discours du héros compense à merveille les moulins à vent et l'armet de Membrin.

Mais, au lieu de ce chevalier nomade, la fleur de la chevalerie, donnez-moi quelque don Quichotte domestique, un don Quichotte en bonnet de coton, chevalier errant comme don Quichotte, moins le courage, le dévouement, l'esprit, la grâce, l'honneur, la gaieté, l'abnégation de soi-même, la piété, le pur amour de don Quichotte ; faites que ce don Quichotte bourgeois, laissant de côté les actions de bravoure, ne songe qu'à imiter ce côté ridicule et bouffon que tout valet de chambre sait trouver à coup sûr aux personnes et aux choses héroïques ; qu'il brise le joli pont vert de sa demeure pour le remplacer par un pont-levis de charpentier de village, suspendu à des cordes à puits ; qu'il se plaise à la lueur verdâtre des vitraux peints ; qu'il mette à la place des poissons de ses étangs une boue peu chevaleresque ; qu'il coupe le cou à sa basse-cour comme trop champêtre pour sa féodalité ; qu'il se fasse traîner en police correctionnelle pour avoir voulu user de son droit de *noççage* ou de tout autre droit seigneurial aussi bien prouvé ; alors vous aurez en effet le véritable don Quichotte, le don Quichotte matériel, l'homme justement ridicule des temps chevaleresques ; vous aurez un fou rire de bon aloi, qui ne vous laissera pas de remords ; vous vous moquerez à cœur ouvert d'un fou qui n'aura rien de respectable. Mais, croyez-moi, il faut avoir un bien mauvais cœur pour ne pas verser de véritables larmes quand le bon héros de la Manche, cet excellent chevalier de la *Triste Figure*, est ramené meurtri de coups dans sa demeure. Je le vois encore doux et fier, triste et non pas abattu, disant bonjour à son ami le barbier, prenant la main du bon curé, rentrant chez soi par la petite porte de son jardin, traversant ses carrés de choux ombragés par les tournesols, dont les jolies têtes semblent garder leur maître avec amour et pitié ; du jardin, le voilà dans sa basse-cour.

A l'approche de Rossinante, l'ânesse pousse un hennissement de joie auquel répondent en chœur les trois ânons que le chevalier donna à son page ; puis arrivent à sa rencontre, son vieux chien, son vieux coq, sa vieille sœur, sa jeune nièce, tout son monde à lui, toute sa petite maison de pauvre campagnard, et le voilà tout à coup à l'abri de toutes les atteintes de la Critique. C'est là, le savez-vous? une comédie manquée; c'est comme si l'Avare donnait sa cassette à un mendiant, comme si Tartufe respectait la femme de son ami; sous ce rapport, le *Don Quichotte* de Cervantes est un excellent, un admirable livre, un livre de la famille des comédies de Molière; mais c'est une mauvaise action.

Il serait donc à désirer, avant que de nous faire rétrograder ainsi dans le temps, de se demander : à quoi bon? et de ne pas s'exposer, comme fit Robinson Crusoé, à laisser sur le chantier une frégate inutile. Quant à la vérité littéraire comme on l'entend de nos jours, c'est un véritable guet-apens tendu à la poésie. De bonne foi, où donc cette rage d'être *vrais* nous conduira-t-elle? A mon sens, il devrait être permis d'être moins cruellement exact, de n'être pas forcé, à tout propos, de dire au lecteur : *ceci est rouge*, ou *ceci est blanc*, ou même encore de décomposer la couleur pour lui dire : *ceci est violet*; les chefs de l'école devraient en même temps ne pas exiger que, lorsqu'il est en présence d'un monument, le romancier compte, par exemple, le nombre des portes et fenêtres de l'édifice aussi exactement que le receveur de l'impôt direct.

Quant aux héros modernes, comme ils sont en très-petit nombre, comme nous avons déjà passé à travers toutes les modifications de l'homme physique, blancs, noirs, poitrinaires, lépreux, forçats, bourreaux, vampires, et que je ne sache plus que les Albinos, les castrats et les hydrophobes qui n'aient pas été exploités en grand, je voudrais aussi que chacun pût emprunter à son voisin le héros exceptionnel de son histoire, sans que le voisin eût le droit de s'écrier : — *Je suis volé !*

L'égoïsme dans les arts est le plus triste des égoïsmes; c'est surtout dans la poésie moderne qu'on serait mal venu de dire à un confrère : *Laisse-moi mes morts !*

Voilà ce que je dis à la Critique pour ma défense et pour me faire pardonner tout ce qu'elle aurait pu appeler dans mon livre : imitation, incertitude, plagiat. Elle m'écouta tant bien que mal, et quand j'eus tout dit, elle ajouta que j'étais terriblement obscur.

— C'est le beau d'une préface, lui répondis-je effrontément.

Elle me dit encore que c'était une insolence à faire à mes lecteurs.

Je sautai de joie, comme si j'avais reçu le plus flatteur des éloges.

Alors elle s'approcha de moi ; elle me serra dans ses deux bras longs et secs comme les bras des fantômes de Louis Boulanger; puis elle me donna le baiser de paix, en appliquant sur mon visage un visage d'un âge, d'un embonpoint et d'une fraîcheur très-équivoques.

Cependant je la remerciais de ses caresses, quand, portant la main à ma joue, je trouvai que ma joue était sanglante : la cruelle m'avait donné le baiser de Judas.

Mais, Dieu merci ! je fus bien vite consolé en songeant

que dans ma manière d'être isolé, et d'écrire au hasard, et peut-être aussi avec les haines dont on commence déjà à m'honorer, la Critique ne pouvait guère m'embrasser autrement.

I.

LA BARRIÈRE DU COMBAT.

ous parlez de l'âne de Sterne ; — un temps fut où cette mort et cette touchante oraison funèbre faisaient répandre de douces larmes. J'écris, moi aussi, l'histoire d'un âne, mais soyez tranquilles, je ne m'en tiendrai pas à la simplicité du *Voyage sentimental*, et cela pour de bonnes raisons. D'abord,

cette nature, qui est la nature de tout le monde, nous paraît fade aujourd'hui; elle est d'un trop difficile accès pour qu'un écrivain qui sait son métier s'amuse à cette poursuite, avec la certitude de n'arriver, en dernier résultat, qu'au ridicule et à l'ennui. Parlez-moi au contraire d'une nature bien terrible, bien rembrunie, bien sanglante : voilà ce qui est facile à reproduire, voilà ce qui excite les transports! Courage donc! le vin de Bordeaux ne vous grise plus, avalez-moi ce grand verre d'eau-de-vie. Nous avons même dépassé l'eau-de-vie; nous en sommes à l'esprit-de-vin; il ne nous manque plus que d'avaler l'éther tout pur; seulement, à force d'excès, prenons garde de donner dans l'opium.

D'ailleurs, qu'est-ce que la coupe même de Rodogune et le poison aristotélien qui la remplit jusqu'aux bords, comparés à des flots de sang noir qui se tracent un sillon obstiné dans la poussière, pendant qu'autour du cirque romain, les chrétiens, brûlés vifs dans leur enveloppe de poix et de soufre, servent de flambeaux à ces combats nocturnes; pendant que le robuste athlète, terrassé et cherchant de son dernier regard le doux ciel de l'Argolide, ne rencontre que le regard avide de la jeune vierge romaine dont la main blanche et frêle le condamne à mourir? Alors le héros de cette étrange fête arrange sa mort; il s'étudie à rendre harmonieux son dernier soupir, à mériter encore une fois les applaudissements de cette foule satisfaite!

Hélas! nous n'avons pas encore le cirque où les hommes se dévorent entre eux, comme dans le cirque des Romains, mais nous avons déjà la Barrière du Combat:

Une enceinte pauvre et délabrée, de grosses portes grossières et une vaste cour garnie de molosses jeunes

et vieux, les yeux rouges, la bouche écumante, de cette écume blanchâtre qui descend lentement à travers les lèvres livides. Surtout, parmi les hôtes dramatiques de cette basse-cour, il y en avait un qui faisait silence dans son coin. C'était une horrible bête fauve, — un géant hérissé ! mais l'âge et la bataille lui avaient dégarni les mâchoires ; vous eussiez dit le frère aîné de quelque sultan retranché du nombre des hommes, ou bien un ancien roi des Francs à la tête rasée. Ce

dogue émérite était affreux à voir, aussi affreux que Bajazet dans sa cage, avec quelque chose du cardinal de la Balue dans la sienne; fier et bas, impuissant et hargneux, colère et rampant, aussi prêt à vous lécher qu'à vous mordre: le digne comédien d'un pareil théâtre. Dans un coin de ces coulisses infectes, de vieux morceaux de cheval, des crânes à demi rongés, des cuisses saignantes, des entrailles déchirées, des morceaux de foie réservés aux chiennes en gésine. Ces affreux débris arrivaient en droite ligne de Montfaucon : c'est à Montfaucon que se rendent, pour y mourir, tous les coursiers de Paris. Ils arrivent attachés à la queue l'un de l'autre, tristes, maigres, vieux, faibles, épuisés de travail et de coups. Quand ils ont dépassé la porte et la cabane de la vieille châtelaine, qui, l'œil

fixé sur les victimes, les voit défiler avec ce sourire

ridé de vieille femme qui épouvanterait un mort, ils se placent au milieu de la cour, vis-à-vis d'une mare violette dans laquelle nage un sang coagulé; alors le massacre commence : un homme armé d'un couteau, les bras nus, les frappe l'un après l'autre : ils tombent en silence, ils meurent; et, quand tout est fini, tout se vend de ces cadavres, le cuir, le crin, le sabot, les vers pour les faisans du roi, et la chair pour les comédiens dévorants de la Barrière du Combat.

J'étais donc à la Barrière du Combat, à l'entrée du théâtre, un jour de relâche, pour mon malheur. Les aboiements des chiens avaient attiré le directeur du chenil; un petit homme sec et maigre, des cheveux roux et rares, de l'importance dans toute sa personne, un ton solennel de commandement et en même temps plusieurs rides obséquieuses, un genou très-souple, une épine dorsale raisonnablement voûtée, un juste et agréable milieu entre le commissaire royal et l'ouvreuse de loges. Cependant cet homme fut très-poli à mon égard. — Je ne puis vous montrer aujourd'hui toute la compagnie, me dit-il; mon ours blanc est malade, l'autre se repose; mon boule-dogue nous dévorerait tous les deux; on est en ce moment occupé à traire mon taureau sauvage; mais, cependant, je puis vous faire dévorer un âne si le cœur vous en dit —

Va donc pour l'âne à dévorer, dis-je à l'*impresario*, et du même pas j'entrai dans l'enceinte silencieuse, moi tout seul, tout comme si on eût joué **Athalie** ou **Rodogune**.

Je pris donc place dans cette enceinte muette, sans que même un honnête boucher se trouvât derrière moi, escorté de quelque bonne exclamation admirative. J'étais dans une atmosphère d'égoïsme difficile à décrire. Cependant une porte s'ouvrit lentement, et je vis entrer.....

Un pauvre âne !

Il avait été fier et robuste; il était triste, infirme, et ne se tenait plus que sur trois pieds; le pied gauche de devant avait été cassé par un tilbury de louage; c'était tout au plus si l'animal avait pu se traîner jusqu'à cette arène.

Je vous assure que c'était un lamentable spectacle. Le malheureux âne commença d'abord par chercher l'équilibre; il fit un pas, puis un autre pas, puis il avança autant que possible sa jambe droite de devant, puis il baissa la tête, prêt à tout. Au même instant quatre dogues affreux s'élancent; ils s'approchent, ils reculent et enfin ils hésitent; ils s'enhardissent, ils se jettent sur le pauvre animal. La résistance était impossible, l'âne ne pouvait que mourir. Ils déchirent son corps en lambeaux; ils le percent de leurs dents aiguës; l'honorable athlète reste calme et tranquille : pas une ruade, car il serait tombé, et, comme Marc-Aurèle, il voulait mourir debout. Bientôt le sang coule, le patient verse des larmes, ses poumons s'entre-choquent avec un bruit sourd ; et j'étais seul! Enfin l'âne tombe sous leurs dents; alors, misérable! je jetai un cri perçant : dans ce héros vaincu je venais de reconnaître un ami!

En effet, et à n'en pas douter... c'était lui!

C'était Charlot! voilà sa tête allongée, son calme regard, sa robe grisonnante!... C'est bien lui! Le pauvre diable! il avait joué un rôle trop important dans ma vie pour que le moindre accident de sa personne ne fût pas présent à mon souvenir. Digne Charlot, c'est donc moi qui devais être la cause, le prétexte et le témoin impassible de ta mort! Le voilà gisant sur la terre sanglante, mon pauvre ami, que naguère j'avais flatté d'une main caressante! Et sa maîtresse, sa jeune maîtresse, où est-elle à présent? où est-elle? Ainsi agité, je me précipitai dans l'arène pour fuir plus vite. En passant devant Charlot, je vis qu'il se débattait sous le poids de l'horrible agonie; même, dans un de ces derniers bonds d'une mort qui s'approche, je reçus de sa jambe cassée un faible coup, un coup inoffensif qui ressemblait à un reproche doux et tendre, au dernier et triste adieu d'un ami que vous avez offensé et qui vous pardonne.

Je sortis, en étouffant, de ce lieu fatal.

— Charlot, Charlot! m'écriai-je, est-ce donc toi, Charlot? Toi, mort! mort pour mon passe-temps d'un quart d'heure! toi, jadis si fringant et si leste! Et sans le vouloir je me rappelai tant de bonheur décevant, tant d'agacerie innocente, tant de grâce décente et jeune, qui un jour m'étaient arrivés au petit trot sur le dos de ce pauvre âne! C'est là une attendrissante et mélancolique histoire! Deux héros bien différents, sans doute, mais pourtant deux héros inséparables dans mon souvenir et dans mes larmes. L'un s'appelait Charlot, comme vous savez; l'autre se nommait Henriette. Je vais dire leur histoire; je la dirai pour moi d'abord, pour vous ensuite, si vous voulez.

Pauvre Charlot! malheureuse Henriette! moi cependant qui les ai perdus l'un et l'autre, je suis encore le plus à plaindre des trois!

II.

LE BON LAPIN

Vienne le 2 mai, et de cela il y aura deux ans, j'étais sur la route de Vanves, montagne pelée, à la portée de Paris; campagnes équivoques, à l'usage des blanchisseuses, des meuniers, des romanciers en plein

vent et de tous les poëtes ordinaires du Pont-Neuf.
J'étais, ce jour-là, tout entier au bonheur de vivre, de
respirer, d'être jeune, de sentir un air pur et chaud
circuler autour de moi, admirant comme un enfant la
moindre fleur qui s'épanouissait lentement, restant des
quarts d'heure entiers à voir tourner les jolis moulins
à vent avec une gravité magistrale. Tout à coup, justement à l'encoignure de cette route si mal tenue, si
étroite, si rocailleuse, et pourtant si aimée, qui conduit à la taverne du *Bon Lapin*, j'aperçus une jeune
fille sur un âne qui l'emportait et qui s'emportait. O le
ravissant spectacle! j'y serai toute ma vie. La jeune
enfant était rose, animée, assez grande, à la gorge naissante, mais qui déjà battait aux champs; dans sa terreur, elle avait perdu son chapeau de paille, ses cheveux étaient en désordre, et elle criait avec une bonne
voix : *Arrête! arrête!* Mais le maudit âne allait toujours, et moi je le laissais courir. La jeune fille, pour
être un peu effrayée, n'était pas en grand danger. J'étais si heureux de la savoir à ma merci ! Pour la secourir, il n'y avait là que moi, le hasard et mon chien. A
la fin je crie à Roustan : *Arrête, Roustan!* Aussitôt
Roustan s'élance droit à l'âne; l'âne s'arrête brusquement, la jeune fille tombe, nous poussons un cri, je

cours à elle, elle est à moi, l'âne s'enfuit à travers champs.

A peine je la tenais sur mes bras, la contemplant déjà comme mon bien, qu'elle se releva brusquement

et se mit à courir après son âne : — Charlot! Charlot!
disait-elle. Et cependant mon chien courait aussi en
aboyant : Charlot courait de plus belle ; le moyen d'aller, à pas égal, à la poursuite d'un chien qui court,
d'un âne qui trotte, et surtout d'une fille qui ne pense
pas à vous !

J'allai d'abord ramasser le chapeau de la belle enfant ; un chapeau d'une paille commune, un ruban
fané, une mauvaise fleur bleue, et pourtant quelque
chose qui révélait une bonne et bienveillante nature
de jeune fille. La jeune fille était bien loin de moi !

— Charlot! Charlot! criait-elle.

Cependant Roustan, l'intelligent animal, courait
toujours après l'âne; il me le ramenait par le plus court
et justement du côté du chapeau. Il y avait entre l'âne,
sa jeune maîtresse et moi, une ligne courbe très-prononcée ; j'arrêtai l'âne au bord du chemin, derrière un
large buisson, et, pendant que la jeune fille criait :
Charlot! Charlot! je montai sur le grison, le chapeau
de paille sur la tête, et, m'enfonçant dans un petit bois,
j'allai au pas.

Elle criait toujours *Charlot! Charlot!* et je faisais
sonner bien fort la sonnette à Charlot, cherchant quelque gros arbre derrière lequel je pusse la laisser ap-

procher. Elle était au bord du bois, plus rose que jamais, haletante d'inquiétude, et quand enfin elle nous

revit, l'âne et moi, elle se précipita sur lui, l'embrassant, l'appelant par mille noms divers : — Te voilà, lui disait-elle, Charlot! et elle prenait de ses deux petites mains cette grosse tête; l'animal se laissait faire, pendant que moi, toujours à cheval sur notre âne, j'aurais donné ma vie pour obtenir un de ces frais baisers que la jeune fille prodiguait à Charlot. Charlot absorbait toute sa pensée.

A la fin elle leva la tête : — Ah! voici mon chapeau, s'écria-t-elle d'un air joyeux; puis elle me regarda avec de grands yeux noirs bien limpides, et, comme je restais en possession de sa monture, elle s'assit sur le gazon en face de moi et de l'âne, elle remit en ordre ses beaux cheveux ; puis quand elle eut essuyé son front de sa main, elle replaça son chapeau sur sa tête, et avec un gros soupir de fatigue, elle se leva sur ses deux petits pieds comme pour me dire : *Otez-vous de là!* Elle avait l'air déterminée à ne pas me laisser son Charlot plus longtemps.

Je mis pied à terre ; elle bondit sur son âne.

Un coup de bride, un grand coup de pied, et adieu ma vision ! Jamais je n'avais vu de fille plus séduisante, plus riante, plus fraîchement épanouie. Du reste, elle n'eut pour moi ni un mot, ni un regard. Moi je fus tout regard ; mais pas un mot pour elle. Que lui aurais-je dit? Elle était si occupée de Charlot et de son chapeau de paille! Non, certes, je ne suis pas de ces promeneurs sans moralité qui se figurent qu'il n'y a qu'une manière de s'intéresser à une femme ; moi, j'en sais mille très innocentes ! Eh ! je vous prie, n'est-ce pas déjà un ineffable bonheur, l'avoir surprise dans sa terreur si animée, avoir entendu son petit cri d'oiseau, moitié effrayé, moitié joyeux ? Et comme elle courait, et s'arrêtait ; comme elle était bien assise sur le gazon, et comme elle s'est relevée d'un seul bond ! Et comme elle appelait : Charlot ! Charlot ! Et d'ailleurs, ne suis-je pas monté sur son âne ? Ne me suis-je pas assis à la même place qu'elle ? Elle ne m'a pas vu, mais qu'importe ? j'ai couvert ma tête de son chapeau de paille, j'ai passé sous mon menton le ruban qui avait touché le sien ; j'ai été penché sur elle quand elle embrassait Charlot, et ce tendre baiser, c'est presque moi qui l'ai reçu ! Ainsi pensant et méditant, je regagnai le bienveillant cabaret du *Bon Lapin*, tout entier à mon bonheur de la matinée.

J'aime le cabaret du *Bon Lapin*. Vous le trouverez, comme je vous le disais, au bas de la montagne de Vanves, adossé à un moulin et hospitalièrement situé entre une cour et un jardin ; la cour est ombragée d'arbres, et protégée, quand il fait chaud, par une tente épaisse sous laquelle s'abritent les dîneurs ; cette cour est d'ordinaire la salle à manger des commères de Paris, qui, peu soucieuses de n'être pas vues, aiment à voir passer, sur la grande route, les allants et les venants. De ce côté-là, se dirigent incessamment le gros vin, le pain bis, l'épaule de mouton et le rosbif. Le jardin prête son ombre à des gastronomes moins carnivores; de jeunes filles et de jeunes hommes, de jeunes filles et des vieillards, de jeunes filles et des militaires, de jeunes filles et des gens de robe. Je suis étonné, en vérité, qu'il y ait tant de jeunes filles dans le monde; il faut qu'elles se multiplient terriblement pour suffire à toutes choses. C'est comme un civet de lièvre à la taverne du *Bon Lapin*.

J'allai m'asseoir dans un coin du jardin, moi tout seul, sans jeune fille, mais, en réalité, maître absolu de toutes celles qui étaient là et qui vraiment, dans le fond de l'âme, auraient voulu être autre part. Les joyeux plaisirs du cabaret ne sont pas encore à notre hauteur. Ce qui fait la fortune d'un bouchon en plein vent, ce n'est pas l'amour : l'amour se cache ; l'ivresse se montre au grand jour. Est-il donc moins honteux de perdre sa raison près d'une femme que de la laisser au fond d'un verre ? Explique qui pourra le problème. Je n'ai rencontré que deux heureux au *Bon Lapin*. Dans le bosquet le plus reculé s'étaient réfugiés un jeune adolescent et sa cousine : dix-sept ans l'un et l'autre! Ils n'avaient pour tout mets qu'une pomme et du pain; mais ils mangeaient

avec appétit et gaieté, mordant dans leur pain et changeant de morceau à chaque bouchée : on ne fait pas deux fois un pareil repas dans sa vie.

La jeune fille et Charlot me revenaient toujours au

cœur. Les grâces de l'un, vif, pimpant, hardi, léger; la beauté de l'autre, vive, agaçante, hardie, légère; ces fières oreilles qui menaçaient les cieux, ce sourire folâtre qui défiait le malheur; ce trot si élégant et si doux, cette course si svelte et si animée! J'étais fou de l'un et fou de l'autre; d'ailleurs ils se comprenaient si bien! le nom de Charlot sortait si naturellement de sa bouche! Heureux couple!

Cependant je revenais sur mes pas, par le plus court, ne regardant plus ni l'herbe naissante, ni les moulins à vent, ni rien de ce beau paysage qui m'enchantait le matin; j'étais triste et boudeur comme un homme tout étonné de se trouver seul. Un incident imprévu me vint tirer de ma rêverie. Je passais auprès d'un lourd paysan, un rustre dans la force du terme, précédé par un vil baudet chargé de fumier; le paysan battait le baudet à outrance. — *Ah! Charlot*, cria-t-il une fois. Charlot!... Je me retourne, je regarde : le malheureux! c'était bien lui; tout courbé sous cette paille infecte!... et tout à l'heure encore, il caracolait sous cette idéale figure. Quelle brusque transition, quelle métamorphose inattendue! Je passai devant Charlot, jetant au pauvre âne un regard de compassion qu'il me rendit de son mieux. Je fus malheureux pendant huit jours. Quoi donc! passer ainsi de cette belle enfant à ce vil fardeau, de ces tendres caresses à ces coups de bâton, de cette voix câline qui disait si bien *Charlot!* à cette grosse voix brutale qui jure et qui blasphème en criant : — Charlot! C'était là trop de joie et trop de misère à la fois, même pour Charlot.

En vain, depuis ce jour et dès que je fus un peu remis de mon aventure, je repris mes lentes promenades autour de Vanves et du *Bon Lapin*; en vain j'allai souvent m'asseoir au pied du buisson en fleurs qui la vit tomber; je rencontrai, chemin faisant, plus d'un âne et plus d'une jeune fille ; hélas ! ce n'était ni Henriette, ni Charlot.

III.

LES SYSTÈMES.

De ce jour seulement je devins triste, ou plutôt, j'en ai bien peur, je me fis triste. Il faut dire que le moment était bien choisi pour renoncer ainsi, de gaieté de cœur, à toutes les joies de mes vingt ans. Joies innocentes, joies printanières que je retrouvais chaque matin à mon réveil, et qui m'accompagnaient de leurs doux éclats de rire jusqu'à l'heure tournoyante du sommeil. Mais, à mon insu, déjà une grande révolution s'était opérée dans la vieille gaieté française. La nouvelle poésie envahissait tous les esprits; je ne sais quel reflet ténébreux d'une passion à la Werther me saisit, moi aussi, tout à coup, mais je ne fus plus le même jeune homme. Jadis gai, jovial et dispos; à présent triste, morose, ennuyé; naguère, l'ami de la joie, des gros éclats de rire et d'une délirante chanson bachique, lorsque, les deux coudes sur la table, on se presse, sans y songer, à côté d'une taille féminine artistement rebondie, et que du pied droit on presse furtivement un petit pied qui s'en aperçoit à peine. Adieu donc à toutes mes douces joies, à mes joyeux refrains! Le drame remplace la chanson, et Dieu sait quels drames! J'en ai construit, moi qui vous parle, de terribles; vous eussiez pris le premier acte pour le sixième acte de la *septième journée,* ou de la *septième année,* tant il y avait de sang! En ce genre, j'ai fait des découvertes incroyables, j'ai trouvé un nouveau filon à la douleur : je me suis bâti un Olympe d'une architecture funeste, entassant les vices sur les crimes, l'infection physique sur la bassesse morale. Pour la mieux voir, j'ai écorché la nature, afin que, privé de cette peau blanche et veloutée que recouvre de son doux incarnat le fin duvet de la pêche, le triste cadavre me révélât tous ses mystères de sang, d'artères, de poumons, de tendons, de viscères; j'ai fait subir à la poésie une véritable autopsie : un homme fort et jeune est étendu sur une large pierre noire, pendant que deux bourreaux habiles enlèvent sa peau chaude et sanglante comme celle d'un lièvre, sans qu'un seul lambeau de cette peau reste sur la chair vive! Voilà pourtant la nature qu'on avait faite en mon absence, et voilà la nature que j'adoptai, moi malheureux, pour n'avoir pas retrouvé assez vite mon double rêve : Henriette et Charlot!

Malheureusement on n'arrive pas tout d'un coup à un résultat si complet. Il faut plus de temps, plus de soins, plus d'attention sur son âme et son cœur, sur l'esprit et sur les sens, pour pervertir ainsi ses sensations honnêtes, pour faner entièrement cette naïveté innocente de l'âme, douce pudeur difficile à perdre. Moi surtout qui, tout jeune, aimais à lire Fontenelle et Segrais, j'ai dû bien souffrir avant d'arriver à cette perfection poétique. Hélas! je me souviens en effet que ces bergers en chemise de batiste, ces bergères en paniers, ces moutons poudrés, ces houlettes ornées de rubans roses, ces pâturages dressés comme des sofas, ce soleil qui n'avait pas de hâle, ce ciel qui n'avait pas de nuages,

me faisaient passer des moments d'extase indicible; j'ai aussi beaucoup aimé la *Galatée* de Virgile et les *Deux Pêcheurs* de Théocrite, et cette délicieuse comédie des *Deux Femmes Athéniennes!* Pardon, j'étais faux alors. La vérité! la vérité! ne sortez pas de la vérité, mes amis, quand vous devriez en mourir. En effet, qu'est-ce qu'un berger, dans la vie réelle? un malheureux en haillons et mourant de faim, qui gagne cinq sous à conduire quelques brebis galeuses sur le pavé des grandes routes. Qu'est-ce qu'une bergère *véritable?* un gros morceau de chair mal taillée, qui a le visage roux, les mains rouges, les cheveux gras, qui sent l'ail et le

lait rance. Oui, certes, Théocrite et Virgile ont menti. Que nous parlent-ils de laboureurs! Le laboureur n'est qu'un marchand comme un autre marchand, qui spécule sur le bétail comme l'épicier spécule sur le sucre et la cannelle. Du courage donc! et puisqu'il le faut, donnons le baiser de paix à cette nature dépouillée, que nous avons eu les premiers l'honneur de découvrir.

D'ailleurs, en fait de bonnes fortunes, le tout est de savoir s'y prendre; une main serrée à propos, un regard lancé en temps et lieu, un soupir habilement ménagé, vous avancent souvent et beaucoup une intrigue d'amour. La première fois que j'ai pris la main à la nature vraie, ce fut à la Morgue, et, comme vous le pensez bien, avant que d'en venir à cette témérité, j'avais déjà fait une longue cour.

D'abord j'avais renoncé à la campagne, aux fleurs, à Vanves, au *Bon Lapin*, et à cette route monotone de la paix du cœur, de l'enthousiasme pour les belles actions et pour les beaux ouvrages, dans laquelle je marchais heureux, sans m'apercevoir que mon bonheur était vieux comme le premier printemps de ce monde. Quand je me fus bien corrigé de ma naïveté ridicule, je me mis à envisager la nature sous un aspect tout contraire; je changeai le côté de ma lunette, et au même instant, par ce verre grossissant, je découvris des choses horribles. Ainsi donc chaque matin, quand la tête enfermée dans le moelleux coton surmonté d'une mèche flottante, et les yeux encore appesantis d'un bon gros sommeil que j'ai perdu depuis, je me mettais à la fenêtre, en ce temps-là, mon regard bienveillant et

limpide avait coutume de n'apercevoir, dans ce premier mouvement d'une ville qui s'éveille, qu'une paix encore innocente; j'interrogeais le vaste hôtel dont les larges portes s'ouvraient à peine; je soulevais par la pensée ses doubles rideaux blancs et rouges; je me figurais, sur l'éclatant tapis d'Aubusson, la jolie pantoufle jaune, le beau châle jeté sur le sofa, et dans ce lit somptueux quelque jeune duchesse de la cour de Charles X, plongée dans un sommeil souriant comme elle, et retenant

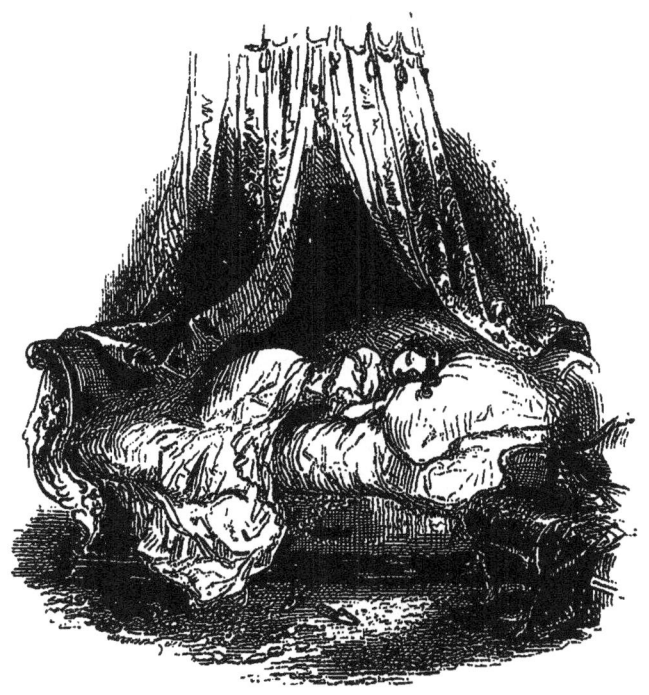

par ses blanches ailes le songe si court de sa nuit d'été. Cinq étages plus haut, dans la mansarde... dans le nuage ! c'était une jeune fille, quelque bel enfant trouvé de l'amour et du hasard, une grisette, pour tout dire. Elle se levait en chantant comme l'oiseau que frappe

le soleil; et même sans passer un jupon, tant pis pour
qui regarde ! elle se met à sa toilette du matin, sur sa
fenêtre. Quand ses innocentes ablutions étaient faites,
faites en riant, comme la grisette fait toutes choses,
elle arrêtait ses longs cheveux avec un peigne de corne

aux dents inégales; elle couvrait sa jolie tête du bonnet
rond de la lingère, et après avoir salué sa beauté, une
dernière fois, dans un fragment de miroir, elle se ren-

dait gaiement à l'ouvrage. Dans la rue, glissait d'un pas réservé et modeste le vieux célibataire, pauvre homme courbé sous l'âge et sous sa liberté; un pot fêlé à la main, il était en quête de son déjeuner de chaque jour. Il fallait voir son petit œil gris s'animer au seul aspect de la jeune femme de chambre, coquette charitable qui faisait à ce bon homme l'aumône d'un regard. Cependant la vieille laitière, en suspens au milieu de ses pratiques, était flanquée de sa petite charrette et de son gros chien; puis un mendiant, vert encore, flatteur de toutes les cuisines, et rassurant par sa bonne mine ceux qu'aurait pu attrister sa voix plaintive, recueillait une abondante aumône; et dans le lointain, la pauvre fille du hasard et de la joie, pâle, vagabonde, ruinée, l'habit en désordre, rentrait furtivement dans sa demeure honteuse, pour y déplorer le jeu fatal de la nuit, un jeu dont elle a été la dupe, car elle a joué autre chose que ses baisers. Chaque matin j'avais une heure de ce plat bonheur; après quoi j'arrosais mes œillets, je taillais mes roses, j'arrangeais mes jardins, je parais mes domaines, je taillais les hautes futaies de ma fenêtre, tout en lisant quelque vieux chef-d'œuvre des anciens temps. J'étais donc, à tout jamais, et pour le reste de mes jours, un homme incomplet, un homme perdu, un homme sans poésie, si je ne m'étais pas avisé à temps de ma duperie, si je n'avais pas rencontré la jeune Henriette sur un âne, et, l'instant d'après, cet âne sous du fumier.

A quoi tiennent les choses! Quand, après de violents combats avec moi-même, j'eus renoncé à mes douces joies du matin, à ma fenêtre, à mes roses, à mes œillets, à ma naïve contemplation, aux chefs-d'œuvre des grands siècles; quand je me fus bien persuadé que l'adultère habitait ces somptueuses demeures; que ma grisette se livrait au premier venu qui voulait la mener danser à la barrière; que ce célibataire à la crème n'avait jamais été qu'un pauvre égoïste dont la politesse était encore de la bassesse; que cette femme de chambre, élevée par sa maîtresse, lui enlevait son mari et débauchait son plus jeune fils; que tous ces vils marchands se levaient de si grand matin pour falsifier leurs drogues et qu'ils faisaient l'aumône par superstition, je me mis à chercher quelque chose qui pût remplacer mon beau rêve matinal, et j'allai au Palais-de-Justice,— à midi : — c'est le bon moment. Un avocat monte le large perron, un autre avocat le descend, — orateurs imberbes, à l'air affairé et n'ayant rien à faire; des magistrats que l'ennuie cloue sur leurs sièges, des huissiers à la voix glapissante, de lourdes charrettes char-

gées d'accusés; malheureux qui jouent leur vie ou leur liberté sur l'éloquence du premier venu! J'en vis tant, que du sanctuaire de la justice j'admirai tout au plus la grille, qui est toute en fer, toute dorée, et ce faisant, je me figurai, devant cette grille, quelque jeune forgeron attaché au poteau infamant pour avoir volé un morceau de fer; hélas! le voilà qui se met à songer que s'il avait été le maître d'une partie de cette grille en fer il serait encore heureux et libre au milieu de sa jeune famille; — au plus fort de ses regrets, le misérable est arrêté tout à coup par un froid subit sur l'épaule, suivi d'une douleur cuisante et d'une infamie éternelle!

Autrefois j'aimais le quai aux Fleurs. C'est une véritable guirlande qui tient enchaînées, par un lien d'œillets, de myrtes et de roses, les deux rives de la Seine; c'est le rendez-vous de tous les amateurs de la nature à bon marché : là, sans contrat, sans notaire, sans enquête, vous achetez une terre, un verger, un jardin que vous emportez triomphant dans vos bras ; — des renoncules, de pâles lauriers, de simples fleurs bleues sans odeur, de blanches marguerites à la jaune corolle, des œillets s'élargissant sur le carton; quel appui pour la belle fleur, une carte à jouer, une de ces puissances infernales de trente et quarante, qui vous envoient un homme aux galères ou au fond de l'eau! Le quai aux Fleurs m'attriste, maintenant que je le regarde de plus près. A deux pas du gibet, sur le chemin de la Grève, vis-à-vis la *Gazette des Tribunaux*, bordé d'huissiers, de recors, d'avoués, de notaires,—sans compter, au fond de chaque pot, l'essence de chaux qui rend la fleur plus brillante, et qui la tue. Ainsi ils font mentir même la rose.

Voilà comment tout se dénature, grâce à cette rage d'être *vrai*. La vérité tant recherchée par les faiseurs de poétiques est une effrayante chose; je la compare à ces larges miroirs destinés à l'Observatoire. Vous approchez en toute assurance, et déjà vous vous commencez à vous-même un gracieux petit sourire, mais soudain vous reculez d'épouvante à l'aspect de cet œil sanglant, de cette peau sillonnée, de ces dents couvertes de tartre, de ces lèvres gercées ; toute cette horreur qui sent la vieillesse, c'est pourtant votre plus beau et plus blanc visage de jeune homme : que ceci vous apprenne à ne pas regarder même votre brune jeunesse de trop près.

Mes affreux progrès dans le vrai n'avaient été que trop rapides ; bientôt je n'eus plus sous les yeux qu'une nature contrefaite. Mon inflexible analyse se glissait en tous lieux et sous toutes choses, déchirant effrontément les vêtements les mieux taillés, brisant le moindre lacet, dévoilant à plaisir l'infirmité la plus cachée ; et dans sa maligne joie elle s'estimait heureuse de trouver tant d'exceptions dans le beau. — En vérité, m'écriais-je tout bas, crois-tu donc qu'il y ait en ce monde quelque chose de beau et quelque chose de vrai ? le laid et le mensonge, à la bonne heure ! et encore sont-ils de très-moderne découverte. Ainsi pensant, j'allais aux Quinze-Vingts, et je me bouchais les oreilles à cette musique d'aveugles ; j'allais aux Sourds-Muets, et je fermais les yeux à cette métaphysique de sourds ;

j'allais dans les maisons d'orthopédie, et je pensais amèrement que toutes ces déviations vertébrales seraient bientôt assez dissimulées pour que j'y pusse être pris, moi le premier : alors je me représentais mon étonnement et mon effroi, quand, dans le délire légitime de mes noces, voulant embrasser ma jeune compagne, soudain je sentirais ses reins menteurs s'enfuir entre mes mains tremblantes, sa taille disparaître, et qu'à la place de cette élégante beauté, je ne trouverais plus qu'un corps difforme et contrefait.

J'ai étudié entre autres laideurs, un beau jour de conscription, les défenseurs de la patrie. On les avait dépouillés de tout vêtement, et ils exposaient, à qui mieux mieux, en s'en vantant, comme le riche se vante de sa fortune, toutes leurs infirmités cachées, pour échapper à la gloire. Les uns avaient des chemises sales ; les autres des chemises trouées ; quelques-uns, c'étaient les plus élégants, n'avaient pas de chemise, et sous ces haillons des corps si laids ! des regards si misérables ! Un homme était là qui les toisait, les étudiant avec moins de soin qu'on ne ferait un cheval de coucou ! Pauvre race humaine ! race perdue. L'âme s'en est allée d'abord, le corps ensuite. Et il faut que la gloire se contente de ces cadavres-là !

Et quand venait le soir, je retrouvais mon atroce joie; je sortais seul, et à la porte des théâtres, je voyais des malheureux s'arracher une place pour applaudir un empoisonneur ou un diable, un parricide ou un lépreux, un incendiaire ou un vampire; sur le théâtre, je voyais circuler des hommes qui n'avaient pas d'autre métier que d'être tour à tour brigands, gendarmes, paysans, grands seigneurs, Grecs, Turcs, ours blancs, ours noirs, tout ce qu'on voulait qu'ils fussent; sans compter qu'ils exposaient sur ces planches malsaines, leurs femmes et leurs petits enfants et leur vieil aïeul; sans compter qu'ils avaient de la vanité! Ce plaisir dramatique, soulevé par de pareils agents, me répugnait; mais il entrait dans mon système d'observer l'ignoble s'amusant, riant, vivant, ayant des théâtres, des comédiens, des comédiennes, et des hommes d'un génie fait tout exprès pour lui distiller le vice et l'horreur.

Après quoi, je parcourais ces magnifiques boulevards d'un bout à l'autre; ils ont pour point de départ une ruine, la Bastille; ils aboutissent à une autre ruine, une église inachevée. J'observais dans ses moindres phases la prostitution parisienne. D'abord, à commencer seulement à la Bastille, elle semble essayer ses forces, elle est timide encore ; elle se fait en petit, commençant par quelque jeune enfant qui chante une chanson obscène pour divertir les hommes du port et

les commis de l'octroi. Vous avancez, la femme vénale change de face : le tablier noir, le bas de coton blanc, le bonnet sans rubans, le regard modeste et furtif, un pas lent et inquiet rasant la muraille, comme s'il s'agissait d'éviter un pestiféré. Plus loin, la dame est parée, à demi nue, en cheveux, elle a des refrains chantés faux, une voix enrouée, elle laisse après elle une épaisse traînée de musc et d'ambre : c'est le vice à l'usage des amateurs les plus avancés. Un degré de plus, et voilà que nous avons un beau châle de cachemire, et que nous allons en fiacre; louez une place à l'avant-scène du Gymnase, vous aurez presqu'à vous tout seul, pour vingt-quatre heures, les trente-six ans et le cachemire ; oui, mais aussi, étudiant, mon bel ami, vous serez ruiné pour tout le trimestre.

Puis enfin, faites silence, et si vous êtes sage, tenez votre cœur à deux mains. Il s'agit cette fois d'une espèce de grande dame qui sera difficile à dompter. Voyez vous, dans un lointain équivoque, tout rempli de riches présents, de trahisons, de billets doux et de tendres soupirs, la maîtresse du grand seigneur, une femme dressée de longue main, qui est jeune et belle, séduisante et parée; que vous dirai-je? une danseuse de l'Opéra ou quelque ingénuité du Théâtre-Français. Ah! cette femme ne serait pas si recherchée si elle n'avait pas chaque soir un habit et un visage de rechange ; si elle n'était pas mêlée incessamment à toutes sortes de passions menteuses, si tout le parterre haletant n'était pas là pour lui dire : *Je t'aime!* Et dans son orgueil l'amant de cette femme répond au parterre : *Aimez-la, mais c'est moi qu'elle aime!* Insensé! comme si la

femme de théâtre aimait jamais autre chose que le parterre! Vivat! à cette heure, sept heures du soir, dans tout Paris la prostitution est la reine de la ville: aux coins des rues, une vieille femme met en vente sa propre fille ; à la porte des loteries, de vieilles femmes

prostituent même le hasard. Levez la tête ; tout cet éclat, d'où vient-il ? Il s'exhale des maisons de jeu et de débauche. Tout au bas de cette tour, un homme fabrique de la fausse monnaie ; à cet angle obscur, une femme égorge son mari, un enfant vole son père. Écoutez : quel bruit affreux! un bruit massif vient de tomber du haut du pont dans les flots de la Seine; ô misère! ce noyé-là était peut-être un jeune homme! **Passez** votre chemin et soyez sans inquiétude : rien ne se perd dans les ténèbres et dans les flots.

Et voilà comment, de ces sensations incomplètes et de cette horreur bâtarde, infortuné! je tombai dans cette affreuse vérité qui, semblable à la tache d'huile, allait s'étendant toujours.

IV.

LA MORGUE.

J'avais beau m'abandonner corps et âme à ces horribles distractions, j'avais beau dénaturer toutes choses sans pitié ni miséricorde, faire du beau le laid, de la vertu le vice, du jour la nuit, c'était en vain ; plus mes progrès dans l'horrible étaient rapides, et plus je me sentais découragé et malheureux. Il me restait toujours, au fond de l'âme, je ne sais quel regret, sinon un remords. A la vie nouvelle que je m'étais imposée il manquait un but, une héroïne; il manquait la jeune fille de Vanves. — Par un malheur inespéré, je la retrouvai un matin au détour de la rue Taranne, près de la fontaine, où elle regardait couler l'eau. Sur sa tête vous eussiez vainement cherché l'honnête chapeau d'une paille fanée, sur ses joues le coloris et l'animation des beaux jours, sur ses deux bras le hâle vigoureux de la santé et du soleil. Toutefois, c'était bien la jeune fille de Vanves; la voici telle que la ville nous l'a faite : — des gants sales, de vieux souliers, un chapeau neuf, une robe étriquée, une collerette à petits plis passés à l'empois; moitié richesse et moitié misère! C'était Henriette! Elle marchait avec une dignité compassée; bien qu'elle s'arrêtât à tous les magasins de modes et partout où il y avait quelque chose à voir, elle avait cependant l'air d'une femme qui veut aller vite; mais quoi! le moment présent était plus fort que sa volonté. Du reste, son air modeste, sa démarche décente, la réserve un peu maniérée dont était empreinte toute sa personne, me firent juger que déjà et sans retour le vice avait passé par là.

Je la suivis. Elle marchait d'un pas tantôt lent, tantôt rapide; tantôt regardant, tantôt regardée; jamais étonnée, jamais émue. Elle arriva ainsi tout au bas de la rue Saint-Jacques. La foule assiégeait la porte d'une maison d'assez pauvre apparence où se faisait une invasion par *autorité de justice ;* les spéculateurs remplissaient cette maison. De chaque côté de la rue se voyait étalé l'attirail ordinaire des commerçants ambulants : quelques miroirs tout neufs, de vieux livres de messe; les plus sales outils de la vie matérielle; quelques tableaux sans cadres, des cadres sans tableaux ; il s'agissait d'un pauvre diable arrêté pour dettes et dont on faisait vendre tous les meubles, ces meubles de nulle valeur, si précieux pour lui, ce pauvre rien qui faisait tout son avoir, son lit si dur qui fut son lit de noces, la table de bois blanc sur laquelle il écrivait ses livres, le vieux fauteuil qui vit mourir sa grand'mère, le portrait qu'il fit de sa femme avant que cette femme adorée ne suivît son séducteur à Bruxelles, ces bonnes gravures fixées sur le mur avec des épingles : tout cela se trouvait sous la main de la justice. La justice était représentée par une voix criarde et par d'autres voix en faux-bourdon qui mettaient aux enchères. Tout se vendit, jusqu'au petit serin qui était suspendu dans sa cage; il n'y eut que le chien du digne homme dont personne ne voulut pour rien; son chien et son enfant restaient dans un coin sans que la justice songeât à eux! Il fallut une heure, tout autant, pour dépouiller ce malheureux dans les formes; personne ne pensa à tant de misère, à tant d'abandon, aux verroux de Sainte-Pélagie, à ces cinq ans de prison qui devaient le rendre à une vie sans asile, à une liberté sans ressources, à cet enfant... personne, pas même la jeune Henriette! Je l'observai longtemps; mais sa curiosité était sans intelligence et sans pitié; dans tous ses traits je ne pus découvrir un seul mouvement de compassion, rien de l'âme; elle sortit de cette misère comme on sort d'un spectacle gratis, tout en relevant dans les airs ses larges manches; à vingt pas de

là elle s'arrêtait de nouveau vis-à-vis la préfecture de

police, où deux recors entraînaient un mendiant qui n'avait plus de patente pour mendier.

Jusqu'à ce jour fatal, ce mendiant avait été le plus heureux des mortels ; il avait mendié toute sa vie ; son

bisaïeul, son aïeul, son grand-père, son père, tous ses ascendants paternels et maternels étaient fils et petits-fils légitimes et illégitimes de mendiants. La mendicité était le domaine à jamais substitué de cette famille de pairs de la borne. Notre homme, à peine âgé de quinze jours, mendiait déjà sur le sein de sa mère. A deux ans il tendait sa petite main aux passants, tranquillement assis sur les degrés du Pont-Neuf,

entre une cage remplie de chiens et une marchande de décrets républicains. Jeune homme, il avait eu le talent d'être assez contrefait pour se dérober à la gloire militaire de l'Empire; il mendiait alors au nom de la royauté perdue et des malheurs de notre antique noblesse. Quand la royauté nous fut rendue, il se fit soldat mutilé d'Austerlitz et d'Arcole, il tendit la main au nom de la gloire française et des revers de Waterloo ; de sorte que jamais la pitié publique ne lui

avait manqué. L'histoire contemporaine était pour lui une source inépuisable d'abondantes charités et de respectueuses aumônes. Quand son impôt quotidien était prélevé, il restait immobile sur quelque place publique, se moquant intérieurement de la course empressée de tant d'hommes qui se dirigent vers un but inconnu, et qui courent, à perdre haleine, après je ne sais quel bonheur qu'il avait trouvé si facilement en restant toujours à la même place. Il était fier de sa vie à l'égal d'un savant du quinzième siècle ; véritable sage en effet, il avait deviné le bonheur qui était à sa portée ; du reste, servant l'État de tous ses moyens, enrichissant sa patrie à sa manière, à force de donner à l'impôt indirect ; car le matin il se livrait volontiers à de longues et intéressantes libations, bien faites pour plaire à l'octroi municipal. A midi, quand le soleil était beau, l'air calme et pur, une pipe courte et noire à la bouche, il aimait à s'enivrer des vapeurs du tabac, à s'environner des riantes images d'une ondulante fumée si profitable à la régie ; et comme d'ailleurs, pour l'ordinaire de ses repas, il ne se servait que de viandes salées, il soutenait avec raison qu'il était le plus utile citoyen de la France, puisqu'il était un de ceux qui usaient le plus de vin, de tabac et de sel, les trois denrées les plus profitables à un gouvernement représentatif. Ce qui n'était pas trop mal raisonner.

Aussi fut-il atterré quand on lui annonça que désormais il serait logé, nourri, chauffé, blanchi, sans avoir besoin de mendier.

Nous le vîmes passer pour se rendre au dépôt de mendicité ; sa figure était sereine encore, son attitude était calme, il avait une noble tristesse ; et comme, après tout, il s'agissait pour lui de la liberté, j'en eus pitié. Henriette détourna les yeux avec indifférence et elle reprit sa course ; je la suivis, elle s'arrêta à la Morgue.

La Morgue est un petit bâtiment carré, placé comme en vedette vis-à-vis un hôpital; le toit forme un dôme revêtu d'herbes marines et d'une plante toujours verte qui est d'un charmant effet. On aperçoit la Morgue de très-loin ; les flots qui roulent à ses pieds sont noirs et chargés d'immondices. On entre dans ce lieu librement, mort ou vif, à toute heure de la nuit et du jour; la porte basse en est toujours ouverte ; les murs suintent ; sur quatre ou cinq larges dalles noires, les seuls meubles de cette caverne, sont étendus autant de cadavres; quelquefois, dans les grandes chaleurs et à tous les mélodrames nouveaux, il y a deux cadavres par chaque dalle. On n'en comptait que trois ce jour-là : le premier était un vieux manœuvre, qui s'était écrasé la tête en tombant d'un troisième étage, au moment de finir sa journée et d'aller en recevoir le faible salaire. Il était évident que ce malheureux, après de longues années de travail, était devenu trop faible pour son rude métier; les commères de l'endroit, et cet endroit était pour elles un délicieux rendez-vous de divertissement et de bavardage, racontaient entre elles que de trois enfants qu'avait laissés et élevés le vieillard, aucun d'eux n'avait voulu reconnaître son père, pour éviter les frais de sépulture. A côté du pauvre maçon, un jeune enfant, écrasé par la voiture d'une comtesse de la

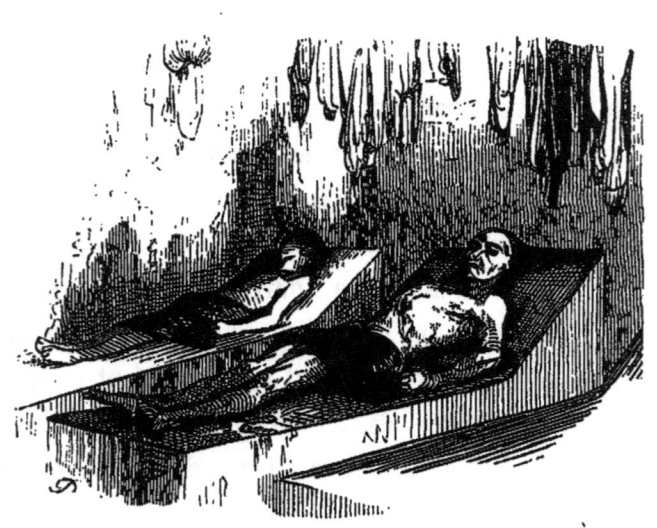

rue du Helder, était étendu, à demi caché par un cuir noir et gluant qui voilait sa large blessure; vous auriez dit que l'enfant dormait, oubliant la leçon et la férule du maître d'école; au-dessus de sa tête étaient suspendus sa casquette, son carnet vert, sa blouse brodée, souillée de poussière et de sang, le léger panier qui renfermait son goûter. Sur la pierre du milieu, en-

tre l'enfant et le vieillard, moisissait le corps d'un beau jeune homme déjà saisi par le violet de la mort. Henriette s'arrêta devant cette pierre funèbre, et, sans changer de couleur, se dit à elle-même à demi voix :
— *C'est bien lui!*

Et en effet, le malheureux insensé! le croiriez-vous? il s'était tué pour cette femme. Il avait été dans les mains de cette femme le premier jouet de sa beauté, et elle l'avait brisé comme fait l'enfant à qui chaque lendemain rend le jouet brisé la veille. Il y a toujours ainsi, dans la vie de chaque femme, un malheureux dont elle abuse sans pitié, sans miséricorde, sans reconnaissance, et bien souvent c'est celui-là même qui l'aurait le plus aimée. Ainsi avait fait ce malheureux suicide. Il avait rencontré cette femme, et il l'avait tout d'un coup trop aimée, comme on aime. Pour elle il avait oublié son gothique manoir, son vaste comté, son bel avenir à la Chambre des Pairs d'Angleterre, son nom, que l'Amérique ne prononce pas sans baisser la tête! C'est qu'il l'avait vue comme moi sur Charlot! Il l'avait vue dans sa beauté virginale, et sous ces formes si pures il avait cru trouver une âme! L'âme s'était enfuie, et lui, il était mort. Elle ne dit donc pas autre chose que ces mots : — *C'est lui!* et désormais, bien assurée d'être enfin délivrée de ce grand amour et de cet immense dévouement, elle parut respirer plus à l'aise! — Il ne sera plus là pour l'aimer, Dieu merci ! Comme elle allait pour sortir de la Morgue, deux hommes encore jeunes se présentèrent sur le seuil de cette porte; celui-ci avait l'air empesé d'un valet de bonne maison : ce n'était rien moins qu'un savant précoce; on eût pris celui-là pour un grand seigneur: c'était le domestique du noyé.

Au premier coup d'œil il reconnut son maître : ils avaient eu, sinon la même mère, tout au moins la même nourrice, la même enfance, la même jeunesse ; ils s'attendaient à mourir toi aujourd'hui et moi demain; ils étaient presque deux frères ; si bien que lui, le valet, il n'aurait pas voulu être le maître, tant il aimait son frère! Il alla se placer aux pieds du mort, se plongeant lentement dans sa douleur muette, pendant que la foule hébétée, cette ignoble foule qui fut pendant un temps la nation française, avait l'air de ne rien comprendre à ce silencieux désespoir.

Ce jour-là c'était la fête patronymique du gardien de la Morgue ; sa famille et ses amis s'étaient réunis autour de sa table; on lui chantait des couplets faits exprès pour lui ; il était tout entier à la commune ivresse;

seulement, de temps à autre il levait le rideau rouge de la salle à manger, comme pour voir si l'on ne venait pas voler ses morts.

Cependant, le premier de ces nouveaux venus s'approchant de l'Anglais : — Voulez-vous revoir votre maître debout? lui dit-il. — Mon maître! revoir mon maître! s'écriait le malheureux. — Oui, votre maître, lui-même, le geste à la main, le sourire à la lèvre, le regard dans les yeux, le voulez-vous? A ces mots, vous eussiez vu sur la figure de l'Anglais épouvanté, un air d'incrédulité inquiète et malheureuse qui l'eût fait prendre, lui aussi, pour un homme de l'autre monde. — Ce soir, reprit l'inconnu, apportez-moi ce cadavre à neuf heures, et je vous tiendrai parole. — Il prit en tremblant l'adresse qu'on lui présentait, et, comme vaincu par tant d'assurance et par cette promesse solennelle, il répondit : — J'irai. En même temps l'inconnu, Henriette et moi, comme si nous eussions agi de concert, nous sortîmes tous les trois de la Morgue.

A peine sorti, je m'avançai vers le faiseur de miracles ; je ne pensais plus à Henriette ; j'étais tout entier à ce cadavre qui devait revivre le soir même. — Monsieur, dis-je au jeune homme avec assurance, oserais-je vous prier de m'admettre ce soir à la résurrection que vous avez promise tout à l'heure?— Très-volontiers, Monsieur, répondit-il; et comme il pensait qu'Henriette était avec moi, il se retourna vers elle pour l'inviter à la fête de ce soir; mais Dieu sait comment cette aimable invitation fut formulée! — Pour moi, à la seule idée de ce que j'allais voir, les cheveux me dressaient sur la tête. — Courage donc! m'écriai-je; allons, maintenant tu vas jouer avec les cadavres! — Voilà un grand pas de fait dans l'horreur!

V.

LA SOIRÉE MÉDICALE.

J'appelai à mon aide tout mon courage; le soir était venu, le soleil se retirait du ciel brusquement et d'une façon menaçante; j'avais froid, j'avais peur, j'avais honte; l'approche d'un crime ne m'eût pas troublé davantage. Je me suis fait une théorie en matière criminelle qui pourrait fournir le sujet d'un gros livre. J'imagine que si tous les hommes pouvaient habiter de vastes appartements, ils seraient bien moins accessibles au crime, bien plus sujets aux remords. Nous avons tout rétréci de nos jours. Un homme s'enterre dans un espace de six pieds de long sur six pieds de large qu'il appelle sa maison; il amoindrit cet espace, déjà si étroit, par des tableaux, par des livres poudreux, par des statues d'après l'antique; il s'étouffe sous le luxe et sous le produit des arts, pour trouver à chaque mouvement de tête une distraction nouvelle; ainsi assiégé, le moyen d'avoir une pensée de vertu ou de terreur? Parlez-moi d'un vaste salon où le jour entre à peine, tapissé de panneaux d'un chêne noir! Là tout devient solennel; là un écho religieux répète le moindre battement du cœur; là vous sentez tout votre isolement, toute votre faiblesse, la faiblesse d'un être qui ne suffit pas à remplir la demeure qu'il occupe; là le silence même a son langage et sa leçon. Je comprenais toutes ces misères; mais, partisan dévoué du terrible, comment refuser cette initiation dernière? Savoir le grec et ne pas lire l'*Iliade?* c'était impossible! Neuf heures sonnaient, je partis donc.

Mon cheval allait au galop et le chemin me paraissait bien long; arrivé à la porte, je trouvai que j'étais arrivé trop vite. La maison avait bonne apparence; je montai.

Dans un salon bien éclairé se tenaient des jeunes gens de bonne humeur; le maître du logis me fit assez bon accueil; mais, ô ciel! cette femme à demi couchée sur une chaise longue, c'est Henriette? elle ici! Ne dirait-on pas qu'elle est souveraine maîtresse dans ce lieu depuis huit jours?

La conversation était fort animée et fort gaie, on parlait de tout et très-bien; vous auriez dit une de nos fêtes de chaque soir, et que l'on n'attendait plus que madame Damoreau ou le petit Litz, quand soudain dans l'escalier nous entendîmes des pas sourds, un grand bruit à la porte de l'appartement, les deux battants du salon qui s'ouvrirent: c'était le jeune homme de la Morgue. Il portait le corps de son maître sur ses épaules; comme il ne trouva rien de préparé pour recevoir le cadavre, il fronça le sourcil, et sur le canapé où était couchée mademoiselle Henriette il plaça son triste fardeau; ainsi la tête du noyé était sur le même coussin, à côté de la tête de la même fille pour qui et par qui ce malheureux était mort!

Cependant on préparait une table; cette table était chargée de journaux, de gravures, de musique nouvelle; il fallut du temps pour la débarrasser de cet encombrement. L'Anglais s'était retourné vers le sofa et tenait toujours cette fille ingrate sous son regard.

Quand tout fut préparé, on plaça le cadavre du noyé sur la table, on rapprocha du tronc le membre qui lui manquait, et l'art se mit à opérer.

. . . .
. . . .
. . . .
. . . .

Le cadavre s'agita, les deux mâchoires s'entre-choquèrent, la cuisse brisée retomba lourdement sur le parquet ; à ce choc mou et flasque, le piano rendit un son plaintif, et tout fut dit !

Le jeune Anglais était hors de lui. D'abord, en retrouvant cette frêle et horrible apparence de la vie, il avait poussé un cri de joie; mais, hélas! ce dernier bond de la pourriture humaine avait à peine duré une seconde. — Il se précipita sur le cadavre insulté ; il prit sa main, cette main était froide; il se frotta les yeux comme s'il était tourmenté par un mauvais songe, et il voulut fuir. Je le suivais, je le soutenais. Déjà nous étions à la porte du salon, lorsque se retournant avec un regard menaçant : — Monsieur, dit-il au maître du logis, je reviendrai demain à huit heures;

mais, jusqu'à mon retour, éloignez cette femme du cadavre, par pitié et par respect!

Et je l'entraînai hors de ce lieu funeste.

Nous pensâmes renverser, sur l'escalier, un valet de la maison qui portait une jatte de punch enflammé.

VI.

LA QUÊTEUSE.

Je me représentai à moi-même que vraiment je faisais dans l'horreur des progrès trop rapides.

Non, certes, ce n'était pas ainsi que procédaient les anciens maîtres en fait de douleur; l'*OEdipe sur le mont Cithéron*, l'*Hécube*, l'*Andromaque*, la *Didon*, la mort d'Hector, et le vieux Priam aux genoux d'Achille, auraient dû me suffire; et d'ailleurs la douleur morale n'était-elle pas autrement puissante en émotions vives et fortes que la douleur physique ? Enfin, jusqu'au jour où l'opération de la pierre obtiendrait l'honneur du drame ou du poëme épique, je résolus d'être un peu plus un homme comme tout le monde.

Mais, hélas! malgré tous mes efforts, je revenais bientôt à mon étude favorite : le vrai dans l'horrible, l'horrible dans le vrai. Justement nous étions dans une société trop égoïste pour que les malheurs d'autrui nous pussent toucher ; la pitié pour les maux imaginaires nous paraissait un abus révoltant; se contenter aujourd'hui des passions de l'ancien univers poétique, c'était se rayer du nombre des vivants dans un monde qui, las de demander ses émotions aux héros de l'histoire, n'a rien trouvé de mieux, pour se distraire, que des forçats et des bourreaux. J'en revenais toujours à mon premier calcul.

— Il est vrai que, grâce à ces âcres douleurs, je ne pleurerai pas, me disais-je en gémissant. Insensé, orgueilleux que j'étais! ne pas pleurer! le beau triomphe! jouer au stoïcisme et retenir dans le fond de mon cœur les gouttes d'eau qui le brisent! Renoncer, si jeune, à la douce volupté des larmes, et encore me vanter de ce progrès-là comme d'une action de vertu ! Voilà pourtant à quel charlatanisme misérable le nouvel art poétique m'avait poussé! J'étais comme un homme mourant de soif qui tient à la main une bouteille pleine d'une eau salutaire; mais cette bouteille, trop violemment portée à ses lèvres avides, ne donne pas une goutte d'eau, elle est trop pleine.

D'ailleurs, et à tout prix et même au prix de ma damnation sur la terre, je voulais savoir ce que deviendrait l'héroïne de mon histoire; je voulais trouver un sens à cette triste énigme, comme si j'eusse été sûr que cette énigme eût un sens.

Pauvre femme, elle avait eu le sort des femmes perdues, tantôt haut, tantôt bas; aujourd'hui dans la soie, demain dans la boue; passant de la misère à l'opulence, de l'opulence à la misère, jusqu'à ce que la beauté s'en aille; alors il faut tomber dans une misère sans fond. Comme elle faisait chaque jour de nouveaux progrès dans l'exploitation de ses attraits et de sa jeunesse, elle était devenue une façon de grande dame, c'est-à-dire qu'elle était presque une femme honorable; car, dans le vice, il y a telle position presque aussi honorée que la vertu; à une certaine hauteur, le vice n'est plus un objet de mépris, c'est tout au plus un sujet de scandale; le mépris reste; au contraire, peu à peu le scandale s'efface. Henriette, ainsi posée dans une sphère élevée, protégée par un amant d'un grand nom, qui lui-même était protégé et défendu par son amour, s'était faite dame de charité, pour être autre chose encore que la maîtresse d'un gentilhomme de la chambre du roi. Elle avait mêlé un grain d'encens à l'ambre de sa toilette, sa profane beauté s'était agenouillée sur un prie-dieu, et elle n'en avait paru que plus élégante. En ce temps-là, la beauté, même profane, tout comme la noblesse, tout comme la fortune, était un titre à être bien reçu dans la maison du Seigneur. Henriette eut bientôt ses grandes et ses petites entrées et son banc officiel dans l'église. Le suisse agitait devant elle les plumes de son chapeau et le fer sonore de sa hallebarde. Elle demandait l'aumône d'une main si petite, d'une voix si douce! Je la vois encore à toutes les belles fêtes, tenant dans sa main blanche, ornée de diamants, un sac de velours violet, appelant par un sourire la vaniteuse charité des hommes, par un salut, la mesquine charité des femmes. Un jour elle entra chez moi pour quêter à domicile ; j'étais seul !

Il était deux heures de l'après-midi ; un ardent soleil d'été dévorait toute ma rue ; mes volets étaient fermés, j'avais sur ma table un charmant bouquet de roses, l'appartement était frais et brillant, éclairé seulement par un indiscret rayon du soleil, qui, vainqueur de tous les obstacles, bleu et blanc comme les rideaux, allait justement prendre ses ébats sur une délicieuse tête de madone qu'on dirait échappée au pinceau de Raphaël. Elle entra donc chez moi, cette jeune beauté devenue si brillante; elle était seule, elle était parée; elle agita l'air embaumé de mon salon, et sur sa tête émue, je retrouvai comme un reflet printanier du vif incarnat que je lui avais vu le premier jour. Je fus poli, je fus empressé et même tendre. Elle qui n'avait pas fait attention à moi, homme de la foule, elle venait aujourd'hui chez moi, à une heure aussi indue que si c'eût été le soir; elle était assise là, enfin; me regardant enfin, m'adressant la parole, enfin; là pour moi, pour implorer mon aumône! J'oubliais un instant toute sa vie présente pour ne plus me souvenir que de l'enfant et des premiers jours de Charlot.

— Vous venez donc enfin me voir, ma jeune Henriette, lui dis-je en la faisant asseoir, comme un homme qui parle à une vieille connaissance, ou encore comme un homme qui sait à qui il parle et qui débute sans façon.

— Henriette! ma chère Henriette! reprit-elle presque indignée; mais, Monsieur, vous savez donc mon nom de baptême?

— Et Charlot, Henriette? Savez-vous ce qu'il est devenu, Charlot?

— Charlot! Elle me regardait avec une attention trop calme pour être jouée, soit qu'elle cherchât à s'expliquer si elle me connaissait, soit qu'en effet, l'ingrate et oublieuse fille, elle ne se souvînt pas de Charlot. Cet oubli si complet me fendit le cœur.

— Oui, ce pauvre Charlot, repris-je plus ému, le pimpant Charlot, que vous aimiez tant, que vous embrassiez avec transport; Charlot, cet éveillé Charlot, sur lequel vous galopiez de si bon cœur dans la plaine de Vanves, Charlot le fantasque, qui vous a fait perdre un jour votre chapeau de paille; le laborieux Charlot qui portait le fumier de monsieur votre père; l'infortuné Charlot que j'ai vu!.. Hélas! si vous saviez, Henriette, où je l'ai retrouvé, Charlot!

Elle tira de son mouchoir brodé un petit souvenir en maroquin, garni en or, et sans me répondre : — Je quête pour l'œuvre des enfants trouvés; combien Monsieur me donne-t-il?

— Rien, Madame.

— Je vous en prie, donnez-leur pour l'amour de moi; à la dernière quête j'ai eu trois cents francs de plus que Madame de ***, je serais désolée d'être vaincue par elle aujourd'hui.

— Savez-vous ce que c'est qu'un enfant trouvé? m'écriai-je violemment.

— Pas encore, me répondit-elle.

—Allez l'apprendre, Madame; et alors, en passant par le chemin de l'hôpital, pauvre, fanée, malade, vieillie, couverte de honte et de boue, revenez ici, appelez mon valet, parlez-lui de Charlot, et par amour pour Charlot, je ferai l'aumône à votre enfant.

Elle se leva, non sans remettre dans le plus bel ordre les plis de sa robe de soie; elle sortit lentement de ma chambre, regardant sa bourse avec regret, jetant un coup d'œil satisfait sur la glace du salon, puis un autre regard sur moi-même; elle aurait bien voulu charger son regard de mépris, elle n'y trouva même pas de la colère; la colère est la dernière des vertus qui veulent du cœur.

Quand elle fut sortie, j'eus du regret de l'avoir ainsi reçue pour la première fois. Un si dur refus à sa première demande! Pouvoir toucher sa main en y déposant une pièce d'or, et repousser si brutalement cette main suppliante! Mais non, j'ai bien fait d'être cruel; cette femme, toute belle qu'elle est, ne vaut pas une aumône. Il y avait trop de coquetterie dans sa prière, trop de vanité dans sa charité; et d'ailleurs pas un mot de Charlot! pas un souvenir pour Charlot, mon ami Charlot, le naïf Pégase de mes vingt ans poétiques ! Froide et vaine, et pourtant si jeune, et pourtant si jolie ! — Je saurai ce que tu deviendras, me dis-je en moi-même, je m'attacherai à tes pas comme ton ombre, je te suivrai dans ta vie, qui doit être courte. Malheureuse fille, déjà assez méprisée pour être devenue riche tout d'un coup ! Mais cette fortune ne peut pas durer longtemps : le caprice d'un homme t'a enrichie, un autre caprice doit te replonger dans le néant ! Et je repassais en moi-même l'histoire de la plupart des pauvres filles que le sort a fait naître dans une basse condition, pour servir de jouet à quelques riches qui s'en arrangent et qui s'en défont comme d'un beau cheval.

La plus malheureuse créature parmi les créatures faites ou non à l'image de Dieu, c'est la femme. Son enfance est languissante et remplie de travaux puérils ; sa première jeunesse est une promesse ou une menace ; sa vingtième année est un mensonge ; après avoir été trompée par un fat, elle ruine un imbécile ; son âge mûr, c'est la honte ; sa vieillesse est un enfer. Elle passe de main en main, laissant à chaque maître nouveau quelqu'une de ses dépouilles : son innocence, sa pudeur, sa jeunesse, sa beauté, et enfin sa dernière dent. Trop heureuse, la misérable, quand elle trouve, à la fin de toutes ces misères, à s'abriter derrière une borne, sur le grabat d'un hôpital, ou dans quelque coulisse de mélodrame. J'en ai vu de ces femmes, qui, pour vivre, se faisaient casser des pierres sur le ventre, et qui avaient été charmantes; d'autres épousaient des espions. J'en sais une qui a consenti à devenir la femme légitime d'un censeur, d'un vil et infâme censeur, dont l'index et le pouce étaient encore tout rougis du ciseau! Etait-ce, je vous prie, la peine d'être belle? Pourtant c'est un don si rare, la beauté! Il y a dans ce seul mot tant de bonheur et d'amour, tant d'obéissance et de respect!... Mais cependant malheur! malheur à cette divine enveloppe mortelle qui ne recouvre pas — une âme — et un cœur!

VII.

LA VERTU.

J'étais devenu plus morose que jamais; inquiet pour moi-même, je ne savais pas si, en effet, malgré tout mon mépris, je n'étais pas amoureux de cette femme. Pour me distraire et pour oublier quelque peu mes inquiétudes, je laissai de côté mes spéculations poétiques, sauf à y revenir plus tard quand je serais plus tranquille, et pour un instant je m'enfonçai dans les ténèbres décevantes de la métaphysique. J'en fis à mon ordinaire une science isolée de toutes les autres sciences, une abstraction réalisée, un jargon cadencé et sonore, mais sans résultat et sans intelligence pour personne. Je cherchai la cause des vertus et des vices ; je réfléchis beaucoup sur le bonheur et sur le plaisir ; un échappé de Charenton n'eût pas mieux fait. — Où est le bonheur? me disais-je, et je me retournai vers les passants; chacun courait après quelque chose qu'il appelait le bonheur, personne n'allait dans le même sens ; tous tendaient au même but : — Restons en place, me dis-je à moi-même, et voyons où j'arriverai.

J'étais assis sous un arbre, véritable parasol de grande route, brûlé et poudreux, quand, au milieu de ma rêverie, je fus accosté par un voyageur qu'à sa prière monotone, plus encore qu'à sa besace et à son bâton noueux, je reconnus pour un voyageur vagabond, espèce de chevalier errant, soumis et flatteur depuis le matin jusqu'à la nuit tombante. Comme il faisait grand jour, il m'aborda poliment, en me priant de lui prêter un peu de mon ombre, après quoi, et sans attendre une réponse, il s'assit à mes côtés, et, tirant de son bissac du pain et une gourde remplie de vin, il se mit à la vider lentement; il poussait de temps à autre un profond soupir, comme pour n'en pas perdre l'habitude. J'imaginai que, pour ma recherche présente, cet homme me serait d'un précieux secours. — Frère, lui dis-je avec un air d'intérêt, savez-vous ce que c'est que le bonheur?

Il me regarda avec de grands yeux, avala une bouchée avant de me répondre : — Le bonheur? me dit-il enfin; de quel bonheur parlez-vous?

Je ne m'attendais pas à la question; elle m'embarrassa, et pour me dispenser d'y répondre, j'y répondis par une autre question : — Vous comptez donc plusieurs sortes de bonheurs?

— Sans aucun doute. Depuis que je suis du monde j'ai eu mille sortes de bonheurs : enfant, j'ai eu le bonheur d'avoir une mère, pendant qu'il y en a tant qui n'ont ni père ni mère; jeune homme, j'ai eu le bonheur, à Bristol, de n'avoir qu'une oreille coupée, quand je méritais d'en perdre deux; homme fait, j'ai eu le bonheur de voyager aux frais du public, et de m'instruire des mœurs et des usages de tous les peuples; vous voyez que voici bien des bonheurs.

— Mais, mon brave, tous ces bonheurs ne sont que des fractions du bonheur, des espèces diverses d'une seule famille ; comment comprenez-vous le bonheur en général ?

— Comme il n'y a pas de vagabond en général, je ne puis vous répondre. Seulement, dans le cours de ma vie, j'ai observé que, pour un homme bien portant, le bonheur c'était un verre de vin et un morceau de lard ; que, pour un homme malade, c'était d'être couché tout seul dans un bon lit à l'hôpital.

— Avec cette vie de privation et d'isolement, vous avez dû être tourmenté par bien des passions diverses ?

— J'en ai eu de terribles, me dit-il tout bas en s'approchant de moi ; j'ai d'abord aimé à la fureur les arbres à fruits et les vignes de l'automne ; j'ai adoré les bouchons et les tavernes ; j'ai fait mille folies pour un peu d'argent ; je me souviens d'avoir passé quatre longues nuits d'hiver à attendre un misérable habit de velours à boutons de métal ; j'ai pensé aller au bagne pour un innocent mulet dont j'avais escaladé l'écurie. A présent, toutes ces passions sont bien loin de moi, ajouta-t-il en me volant mon mouchoir dans ma poche, pendant que je l'écoutais avec admiration.

— Je ne vous demande pas si vous avez eu des chagrins dans votre vie, repris-je d'un ton lamentable et pénétré.

— Il n'est pas de chagrin qui ne cède à un jeu de cartes, reprit-il avec un sourire, et prêt à me proposer de jouer avec lui.

— Avez-vous eu des amis, brave et digne homme ?

— J'avais un ami à dix-neuf ans, je lui ai brisé le crâne pour une servante de cabaret ; j'avais un ami à Bristol, je l'ai fait pendre pour sauver ma seconde oreille ; hier encore j'avais un ami, je lui ai gagné sa besace, son pain et son passe-port ; toute ma vie j'ai eu des amis et j'en aurai toujours, ajouta-t-il.

— Puisque vous avez beaucoup voyagé, qu'avez-vous vu de plus étonnant dans vos voyages ?

— A Bristol, j'ai vu une corde de potence se casser sous le poids du patient ; en Espagne, j'ai vu un inquisiteur refuser de brûler un juif ; à Paris, j'ai vu un espion de police s'endormir à la porte d'un conspirateur ; à Rome, j'ai acheté un pain qui pesait une once de trop. Voilà tout.

— Vous qui savez si bien ce que c'est que le bonheur, sauriez-vous par hasard ce que c'est que la vertu ?

— Je n'en sais rien, reprit-il.

— J'en suis fâché, répondis-je ; j'aurais beaucoup tenu à votre définition ; et je repris mon air soucieux.

L'instant d'après j'aperçus mon mendiant debout devant moi ; il tenait son bâton d'une main ; de l'autre main il fit un geste solennel :

— Maître ! reprit-il, pourquoi donc vous désespérer ? Si nous ne savons ni vous ni moi ce que c'est que la vertu, il y a peut-être des gens qui le savent pour nous ; je les interrogerai, si vous le desirez, et si vous croyez que monsieur le préfet de police le permette.

— Interroge ! lui dis-je, et sois tranquille : demander à un homme ce que c'est que la vertu, ce n'est pas lui demander sa bourse ; il n'y a que cette dernière question qui soit indiscrète.

Le vagabond s'avança au milieu du grand chemin avec la hardiesse d'un coquin qui se sent soutenu par un honnête homme ; le jarret tendu, la tête haute, l'œil fixe, et sa large bouche assez entr'ouverte pour montrer un énorme râtelier de trente-deux dents tout au moins.

Sur ces entrefaites, deux hommes passèrent ; l'un était un usurier, et l'autre sa victime : — Qu'est-ce que la vertu ? leur cria le vagabond avec une voix de tonnerre.

— C'est de l'argent à vingt-cinq pour cent, répondit le premier. — C'est un voyage à Bruxelles, répondit le second ; et ils continuèrent leur chemin.

Le mendiant se retourna vers moi pour savoir s'il devait continuer; je lui fis un signe affirmatif : au même instant survenait un autre voyageur.

C'était un vieil habitant du bagne, qui avait fait son temps et qui avait encore trente-six francs cinquante centimes à être libre et vertueux; du reste, fringant et rieur, un homme éprouvé. Le mendiant l'aborda avec une tendresse toute particulière : — Bon voyage, camarade! mais, avant de passer outre, savez-vous ce que c'est que la vertu?

— La vertu, mon enfant, c'est une cour d'assises, un jugement, dix ans de bagne, un bâton d'argousin et deux lettres sur l'épaule, qu'il ne faut pas renouveler : voilà ce que c'est que la vertu.

— Bien parlé, dit le questionneur; si tu veux te faire voyageur comme moi, nous ferons commerce ensemble : tu entends trop bien la vertu pour que je me sépare d'un compagnon tel que toi; et ils partaient en effet tous les deux, quand un gendarme, accourant de toute la vitesse de son cheval, leur cria : *Halte là!* — Qu'est-ce que la vertu? crièrent-ils au cavalier.

— La vertu, reprit l'autre, ce sont de bonnes menottes, une bonne camisole de force, un bon cachot à triple serrure; et il les chassa devant lui.

Voilà comment, pour une définition que je cherchais, j'en eus plusieurs.

Ce qui fit que je restai aussi peu avancé que Caton d'Utique en personne qui, lui aussi, a donné sa petite définition de la vertu.

VIII.

TRAITÉ DE LA LAIDEUR MORALE.

Cependant, je venais d'apprendre que la lèpre du cœur égalait toute autre lèpre en laideur, et qu'aussi bien, puisqu'il nous fallait de l'horreur à toute force, c'eût peut-être été chose sage de ne pas s'arrêter aux infirmités physiques. Entre ces deux laideurs, la laideur du corps et la laideur de l'âme, se trouvait nécessairement la solution du problème que je m'étais proposé, à savoir, la science du laid et du difforme. Malheureux que j'étais! cette science me coûtait cher : elle me coûtait ma gaieté, mon repos, mon bonheur ; d'une question presque littéraire, elle avait fait d'abord une question d'amour, puis enfin elle faisait une question de cour d'assises. J'étais trop avancé pour reculer ; j'étais comme un homme qui a commencé une collection d'insectes ; pour la compléter, il se voit forcé d'adopter les plus hideux.

D'ailleurs, cette étude triste et cruelle devait, selon moi, me conduire plus sûrement à la connaissance des hommes, que tous les livres des moralistes. On a fait beaucoup de traités *sur le beau, sur le sublime*, sur la nature morale, et ces traités ne prouvent rien ; on s'est arrêté à d'insignifiantes apparences, quand on aurait dû creuser jusqu'au tuf. Que me font vos mœurs de salon dans une société qui ne vivrait pas un jour si elle perdait ses mouchards, ses geôliers, ses bourreaux, ses maisons de loterie et de débauche, ses cabarets et ses spectacles? Ces agents principaux de l'action sociale, il entrait dans mon plan de les connaître, d'autant plus que je devais ainsi échapper, au moins pour un instant, à ces tortures du monde extérieur dont j'avais fait mon étude jusqu'alors.

Je me mis donc à étudier même les espions, ces tristes

héros qui devaient tenir leur place dans mon histoire ; j'en ai vu de toutes les espèces, dans les salons, sur les places publiques, aux carrefours ; et je n'ai jamais été plus surpris que de voir ces gens-là être pères de famille, sourire à leurs femmes, caresser leurs enfants, avoir des amis qui venaient dîner chez eux : un bon bourgeois n'eût pas mieux fait.

Un jour, au petit cabaret de la rue Sainte-Anne, je

vis entrer un homme en guenilles, affreux à voir ; sa

barbe était longue, ses cheveux étaient en désordre, toute sa personne était souillée. D'où venait-il? de quel repaire? de quelle caverne? Combien de voleurs avait-il dénoncés le matin même? — L'instant d'après, je vis ce même homme sortir décemment vêtu, la poitrine char-

gée des croix de deux ordres d'honneur; Monsieur le Comte allait dîner chez un magistrat.

Cette transformation si subite me fit peur ; je pensai en tremblant que c'était peut-être ainsi que les deux extrémités se touchaient.

Un autre soir, à la fin de la nuit, au commencement du jour, rentrait chez lui un employé subalterne des jeux publics ; il avait pendant dix longues heures contemplé d'un œil sec la ruine et le désespoir de plusieurs familles, et cependant le voilà qui jette son manteau à un pauvre transi de froid.

Ce juste milieu entre le vice et la vertu, entre cette cruelle indifférence et cette subite pitié, m'épouvanta plus encore que le changement à vue de la rue Sainte-Anne.

J'ai vu une femme dans le comptoir d'une loterie ; cette femme était belle et jolie, elle était assise à côté d'un beau jeune homme, et elle écoutait tranquillement ses propos d'amour, pendant que d'un air indifférent elle vendait à de pauvres ouvriers un papier infâme qui devait porter leur misère à son comble.

Cet amour, en présence d'une roue de fortune, me fit soulever le cœur.

J'ai vu un censeur se mettre à son échafaud, retranchant sans pitié une pensée, comme s'il ne s'agissait que d'une tête humaine; un homme ivre et ignoble, qui s'escrimait contre une opinion comme un bon soldat se battrait contre son ennemi.

Dans toutes ces ordures sociales, je n'ai rien vu de plus hideux qu'un censeur.

IX.

L'INVENTAIRE.

Rentré chez moi, j'étais obsédé par ces funestes images; le monde physique, vu de près, m'avait rendu malheureux ; le monde moral, étudié à la loupe, m'avait rendu misérable; à force de poésie, j'en étais venu à détester les hommes ; à force de réalité, je me figurais que je devais détester la vie ; j'étais tombé de bien haut, moi qui jadis étais poursuivi de tant de bonheur, moi qui, à chaque pas, à chaque battement de mon cœur, rendais grâces à ce Dieu qui a créé la jeunesse ! Ma vie était flétrie ; mon univers, à moi, était changé ; je m'étais engagé, sans le savoir, dans un drame inextricable ; il fallait en sortir à tout prix, et je ne savais plus où trouver mon dénouement. Alors une vague idée de suicide passa jusqu'à mon cœur. Cette triste poétique de tombeaux et de cadavres a cela d'affreux, qu'elle vous habitue bien vite, même à votre propre cadavre. A force de jouer avec toutes les idées sérieuses, il n'y a plus d'extravagances impossibles. Me tuer, moi si heureux, si libre, si aimé, la tête si remplie, le cœur si plein, du vivant de mon noble père, ma tante si vieille, ma mère si jeune encore ! Me tuer sans raison, sans motifs, parce qu'il a plu à quelques fous de changer la langue, les mœurs et les chefs-d'œuvre de mon pays ! Eh ! voilà justement pourquoi une pareille mort me paraissait belle et poétique ! Je pensai donc avant tout à mettre en ordre, non pas mes affaires, je n'avais pas d'affaires, mais mes papiers, et j'en avais un grand nombre. Déjà j'avais ouvert machinalement le lourd secrétaire d'ébène incrusté d'une nacre jaunissante, meuble précieux de ma vie domestique. Tout un poëme est répandu dans ces divers tiroirs ! J'en fis la mélancolique revue : cette revue était amusante comme un souvenir qui est encore un souvenir d'hier, et qui peut redevenir, si vous le voulez, une espérance!

D'abord, vous apercevez, au milieu du secrétaire, une masse assez considérable de papiers déjà jaunis : ce sont des vers de jeune homme, des plans de drames, des livres commencés, un avortement complet, un édifice qui n'a été élevé qu'à moitié, et qui tombe déjà en ruine. Pas une de ces pensées qui m'agitaient n'avait été mise en lumière, pas un de ces rêves n'avait trouvé d'échos au dehors, aucune mémoire ne s'en était occupée. Dans les arts de l'imagination, penser n'est pas le plus difficile; le plus difficile, c'est de produire cette pensée, c'est de la jeter au dehors assez complète pour qu'elle frappe, assez parée pour qu'elle séduise. Jeune et fort comme je l'étais, j'avais manqué de courage; comme une soubrette malhabile ou paresseuse, j'avais laissé ma déesse à demi nue, non pas dans cette nudité décente et gracieuse qui est le comble de l'art, mais dans cette nudité maladroite qui offense : un bas mal tiré et retenu par une jarretière usée, un corset dont on voit tout le travail, un jupon disgracieux, tout le dessous d'une parure mal composée : voilà ce qui occupe mon premier tiroir.

Le second tiroir est presque vide; il contient mes

papiers de famille, quelques titres de propriété, quelques rentes sur l'État, achetées après tant de sueurs paternelles! mon testament, qui n'a que deux lignes; en un mot, toute mon indépendance, ma douce et précieuse indépendance dans ces chiffons de papier! Brûlez ce tiroir, et demain je redeviens foule, demain je ne suis plus qu'un mercenaire, un marchand de saillies à défaut de mieux, un oiseau sur la branche, qui, dès le premier jour du printemps, prévoit déjà en tremblant le sombre hiver. Pourtant ce tiroir, si précieux à mon existence, est le seul qui ne soit pas fermé ; en revanche, le tiroir d'à côté est défendu par deux serrures : dans le tiroir ouvert il ne s'agit que de ma fortune, il s'agit de mon cœur dans le tiroir fermé.

Je ne suis pas de ceux qui rient d'un amour perdu. J'ai éprouvé qu'un amour ne se remplace pas par un autre amour. Le second fait tort au troisième, le troisième au quatrième ; ils s'affaiblissent l'un l'autre comme un écho, comme le cercle fragile qui ride l'onde agitée par la pierre d'un enfant. Surtout il est une femme que l'on ne remplace jamais : c'est la seconde femme que l'on aime.

Toutes ces douces reliques sont précieusement rangées dans le coffre-fort de mes souvenirs, par ordre de date et d'amour. Ce sont des lettres d'une grosse écriture, ou bien si finement écrites, que, l'amour passé, on ne saurait les lire qu'à la loupe; ce sont des cheveux bruns ou noirs, encore chargés d'un léger reste de parfums; ce sont des bagues d'or ou d'argent qui portent avec elles une heure et un jour, une date incomplète; mais le moyen de croire jamais que nous oublierons même l'année de ces éternelles amours! Ce sont des portraits effacés, des bracelets brisés, des fleurs desséchées, toutes sortes de frivolités, d'oublis, de mensonges, de serments, de bonheurs, de promesses, toutes sortes de néants!

Eh bien! telle est la toute-puissance des souvenirs du cœur, que tous les bonheurs, toutes les joies, tous les transports, toutes les fortunes, toutes les terreurs, toutes les larmes, toutes les nuits agitées, tous les reproches, tous les désespoirs, renfermés et contenus dans ce tiroir, tous ces parfums évanouis, toutes ces ivresses évaporées, si je veux, je vais les ranimer en même temps et leur dire : *Levez-vous, et m'entourez!* comme fit le Christ pour cet homme qui était mort. Oui, vous êtes encore mes jeunes et éclatantes passions, portraits, cheveux, lettres, rubans, fleurs fanées! Je sais vos noms, je sais vos couleurs, je reconnais vos voix et vos murmures. Vous êtes les fantômes souriants de mes passions d'autrefois! Il ferait nuit, qu'à leur forme, à leur odeur, à un je ne sais quoi que je devine, je les reconnaîtrais les uns et les autres, dans tout ce pêle-mêle d'amours. Voici la première violette qu'Anna m'avait cueillie sur les bords de notre fleuve bien-aimé; voici le ruban que me donna Juliette le jour de son mariage, pauvre femme! Hortense m'abandonna ce mouchoir brodé la première fois que je lui pris la main. Ces longs cheveux noirs étaient espagnols, ils ornaient une tête impérieuse et fière; encore enfant, malgré les plus tendres paroles, je n'osais pas fixer mes yeux sur ces yeux noirs et brûlants; cet amour me fit peur, je le brisai, commençant violemment l'éducation de mon cœur.

Vous voyez ces douces épîtres, écrites sur un papier grossier, de longues barres difformes, un langage à part, intelligible seulement pour celui qu'on aime! De la grande dame je m'étais élevé à la grisette, une fille douce et jeune qui tenait tout de moi, que j'aimais à la folie, qui venait le matin, se jetait en souriant sur mon tapis; et là, des heures entières, moitié dormant, moitié éveillée, tantôt me regardant travailler avec un calme et long sourire, tantôt s'impatientant légèrement, elle attendait le moment heureux où, fière d'être à mon bras, charmée de sa jeune beauté, elle se laissait conduire à nos fêtes, à nos spectacles, partout où, pour être bien reçue, il suffit d'être jeune et jolie.

Il y a aussi, dans mon trésor, un bracelet du plus fin travail ; je le garde avec soin ; il me fut livré dans un moment de folle ivresse, quand la main se fait petite pour mieux étreindre, quand l'or glisse sur le bras comme sur l'ivoire, quand une femme oublie toutes choses, même ses dentelles et ses perles. Elle me donna ainsi tout d'un coup son bracelet et son amour ; mais son amour où est-il ? De tout l'or qu'elle a usé, la pauvre fille, voilà peut-être tout ce qui reste ! Au moins, plaise au ciel, quand elle aura trente ans, de lui accorder une bonne place à Bicêtre ou aux Filles-Repenties, puisqu'elle doit y venir tôt ou tard !

Mais vous dirai-je toutes mes richesses ? Voici l'anneau de la fiancée de Gustave ; elle m'avait juré de lui être infidèle, et elle a tenu sa parole, l'honnête fille ! A peine eut-elle à son doigt cette alliance bénie par le prêtre, qu'elle la changea avec moi contre une bague mystérieuse qui portait notre chiffre ; voici un bout de la jarretière rose que me tendit sa jambe complaisante sous la table du banquet. Portez à votre lèvre le petit gant de la belle Anna, elle me le jeta au visage dans un moment de triste humeur, parce que j'avais dansé avec Julie; ne touchez pas à ce poignard dont le manche est ciselé avec tant de caprices, ce poignard défendait Louise que ne pouvait pas défendre sa vertu. Jenny, quand elle quitta la France pour l'Angleterre, où l'attendait un vieux mari, me laissa la fragile porcelaine où elle renfermait la blancheur et l'éclat de son teint : « Gardez cela, me dit-elle, je n'ai plus personne à tromper ! » Suzanne m'envoya sa ceinture le jour où elle sentit qu'elle était mère. — Telle était pourtant cette taille de guêpe ! Pour cette rose, tombée des blonds cheveux d'Augustine, deux jeunes gens de vingt ans se sont battus, et j'étais le témoin d'Ernest ; la rose est encore rougie de son sang, le pauvre enfant ! J'avais dit de Lucy la folle qu'elle avait le pied grand, le lendemain elle m'envoya cette pantoufle noire dans laquelle le pied de Cendrillon eût été mal à l'aise ; même je n'ai jamais pu avoir l'autre pantoufle ! O bonjour, bonjour à toi, mon honnête petit voile vert tout fané ! tu as bien recouvert le plus frais, le plus joli, le plus animé, le plus joyeux petit visage qui ait jamais souri à la jeunesse. Voici cette histoire : Madame de C.... me dit un jour (elle était malade) : Allez de ma part tout au haut du faubourg Saint-Honoré, pour prendre ma fille dans son pensionnat ; je veux la voir ; vous lui direz que si elle est sage elle ne quittera plus sa mère ! Moi, j'allai chercher l'enfant. Toute la bande des jeunes pensionnaires était lâchée dans le jardin. — Il fallait les voir ! — il fallait les entendre ! C'étaient des petits cris d'oiseaux joyeux qu'on vient de mettre en liberté. Dans ce pêle-mêle de frais visages, je reconnus à sa fraîcheur la petite Pauline, déjà pensive. Je l'emmenai triomphante et sans qu'elle prît le temps de dire *adieu* à ses jeunes compagnes. Arrivés à la porte de sa mère : — Que me donnerez-vous, lui dis-je, si je vous dis une bonne nouvelle ? Salut à vous, mademoiselle Pauline ; vous resterez chez votre mère si vous êtes sage ; la pension n'est plus faite pour vous ! Alors Pauline, détachant son petit voile vert : — *Tiens, me dit-elle, je te le donne pour la bonne nouvelle*, et du même pas elle courut embrasser sa mère.

Mon joli petit voile ! mon chaste gage ! tu es d'une gaze grossière, le soleil du midi a enlevé ta couleur, tu n'as pas d'autre odeur que cette odeur indicible que laisse après elle une belle et honnête enfance de quinze ans ; eh bien ! mon voile ingénu, mon voile qui n'avais rien à voiler, tu es le plus précieux de mes trésors, tu es la partie honnête et sainte de cette touchante histoire ;

tes quinze ans, ton innocence, ton amour filial, ta douce ignorance de toutes choses, ont surnagé au-dessus de tous les transports, de tous les prestiges que représentent ces morceaux d'or et ces lambeaux de soie ; pardon, mon petit voile vert, de t'avoir ainsi mêlé à tous ces souvenirs des profanes amours; mais ne fallait-il pas bien toute ton innocence pour les purifier ?

Pour toi, Henriette, j'aurais donné tout ce trésor — tout mon trésor ! — Et même, ô profanation ! ô insensé ! ô ingrat ! je n'aurais donné à personne, mais j'aurais brûlé pour toi, Henriette, mon petit voile vert.

X.

POÉSIE.

Je terminais cet inventaire triste et doux, lorsque je mis la main sur un paquet cacheté avec soin; le cachet était intact, l'adresse était écrite de ma main, le frêle envoi était resté dans ces tiroirs, comme un dépôt sacré que je ne pouvais violer sans délit. Cependant, par je ne sais quelle curiosité innocente, j'ouvris le paquet mystérieux. Il se composait d'un mouchoir de soie, dont la couleur appartenait évidemment à une mode passée; le mouchoir était accompagné d'un simple billet soigneusement cacheté et encore tout empreint d'un parfum doux et faible, suave avant-coureur d'une lettre d'amour. J'ouvris cette lettre; elle était d'une si belle écriture, que d'abord je ne pus la croire de ma main; ce ne fut pas sans une émotion profonde que je relus ces vers depuis longtemps oubliés :

A MARIE.

Il te plaît, jeune fille; eh bien! je te l'envoie;
Et la prochaine nuit, loin des yeux importuns,
Si tu veux confier à ses longs plis de soie
    Tes cheveux doux et bruns;

Si le sommeil, plus fort que ta coquetterie,
Endort ton frais sourire, un moment arrêté,
Pour ne laisser régner sur ta bouche fleurie
    Que ta jeune beauté;

Si, plus doux que les feux des deux frères d'Hélène,
Tes yeux sous leur paupière ont voilé leur clarté,
Et si les soupirs seuls de ta suave haleine
    Troublent l'obscurité;

Comme le chant léger d'un sylphe qui voltige
Sur les pas d'une fée aux pieds blancs et polis,
Et qui pose en passant, sans en courber la tige,
    Ses ailes sur un lis;

Une voix, doucement plaintive à ton oreille,
Te parlant dans la nuit sans te causer d'effroi,
Te dira bas, tout bas : « Enfant, tu dors, il veille;
    Il veille, et c'est pour toi !

« Il demande à la nuit les leçons de l'histoire,
De fabuleux récits, des pensers douloureux,
Et des accents de joie, et des chants de victoire,
    Et des vers amoureux.

« Il cherche, pour te plaire, une palme suprême;
Il veut sentir son front couronné comme un roi,
Pour se mettre à genoux et te dire : Je t'aime,
    Je t'aime, c'est pour toi. »

C'est pour toi que je veux un nom grand et célèbre;
Puis, à ton nom chéri prêtant l'appui du mien,
De l'avenir pour toi levant l'oubli funèbre,
    Je lui dirai le tien.

Et tous les cœurs aimants, retrouvant leur folie
Dans cet amour vivant dont tu m'as enchanté,
Sauront ton nom plus doux que le nom de Délie,
    Que Tibulle a chanté.

Oh! mais, lorsque l'azur de ce tissu de soie
Pressera sur ton front tes beaux cheveux bouclés,
Eusses-tu renfermé tes plaisirs et ta joie
    Sous mille et mille clés ;

Si de quelque rival enivré sur ta couche
Les baisers enflammés, qui me feraient affront,
Répondant en silence aux baisers de ta bouche,
    L'écartaient de ton front ;

Plus forte que le cri de cet oiseau sinistre
Qu'une nuit orageuse évoque de son sein,
Plus triste que le chant du vieux et saint ministre
    Qui trouble l'assassin ;

Cette voix te criera : « Prends garde ! ta folie
Peut-être aura demain de subites rougeurs ;
Son œil voit tout, prends garde ! un cœur qu'on humilie
    Rêve des jours vengeurs. »

Ou plutôt si tu dois, dans une nuit profane,
En faire à ton amant un triomphe moqueur,
Livre au feu, dès ce soir, ce tissu diaphane,
    Brûlé comme mon cœur !

Je refermai violemment mon tiroir, et sur la planche d'à côté je saisis mes pistolets : c'est une belle arme, montée par Stelein, et trempée dans le Furens. Je m'amusai à les contempler de nouveau, à regarder encore, gravée sur la platine, cette tête de sanglier, et machinalement mon sang s'échauffait, mon pouls battait plus fort; j'étais heureux d'un bonheur si cruel, mais si vif! Dieu merci, j'entendis frapper un léger coup à ma porte.

—Entrez, petite! m'écriai-je.

Et la porte s'ouvrit.... J'étais sauvé!

XI.

JENNY.

A mesure que l'aimable enfant entrait dans ma chambre, le pistolet que j'avais élevé à la hauteur de ma tempe s'abaissait insensiblement; au dernier pas que fit la jeune fille, l'arme fatale était retombée à sa place accoutumée. — Quelle bonne nouvelle m'apportez-vous, petite Jenny? lui dis-je tranquillement; avez-vous encore perdu quelque fragment de ma garde-robe ou brûlé ma plus belle chemise? — Une bonne nouvelle, Monsieur : je me marie demain.

Je fus frappé comme d'un coup de foudre ; il y avait six ans que je la traitais comme une enfant, ce matin même j'avais mis pour elle quelque friandise en réserve, et elle allait se marier, cette toute petite Jenny, cette enfant! Je la regardai, et en effet je trouvai qu'il n'y avait à cela rien d'étrange. Je poussai un profond soupir, et, me levant furieux :

— Maudit soit, m'écriai-je, le premier prétendu poëte qui s'est avisé de faire de l'horreur, métier et marchandise! maudite soit la nouvelle école poétique avec ses bourreaux et ses fantômes! ils ont tout bouleversé dans mon être; à force de me faire étudier le monde moral dans ses plus mystérieuses influences, ils m'ont empêché de remarquer que cette jolie petite Jenny n'était plus un enfant. — Pardonne-moi, ma petite Jenny, lui disais-je en me rapprochant d'elle; tes dix-huit ans te sont arrivés sans me crier: gare! C'est que, vois-tu, je suis devenu un si grand philosophe! A ces mots, Jenny, prête à pleurer, se prit à rire, puis, me tendant sa grosse joue : — N'embrassez-vous pas votre petite Jenny aujourd'hui?

— J'embrasse en tout respect une vénérable fiancée, répondis-je en m'inclinant.

— Votre petite Jenny, répondit-elle.

— Ma petite Jenny, soit, et je ne pus retenir un gros soupir.

— Vous viendrez à la noce, n'est-ce pas? me dit Jenny en jouant avec mon habit; nous vous attendrons demain.

— Bien volontiers, Madame; et à ces mots elle me quitte en courant de toutes ses forces. Je me mis à la fenêtre, et l'instant d'après je la vis remonter dans une grosse charrette de blanchisseuse, traînée par un grand cheval normand. Elle gouvernait cette lourde machine avec autant de facilité qu'un cocher du faubourg Saint-Germain qui conduit sa noble maîtresse à Saint-Sulpice.

Le lendemain, je me dirigeai vers les Batignolles. La noce était nombreuse; au moment où j'arrivais, elle se rendait à l'église. Jenny ouvrait la marche; sa bonne et calme figure respirait la tranquillité la plus parfaite; la jeune femme était vêtue de blanc, sa tête était couverte de rubans; elle portait au côté droit un énorme bouquet de fleurs d'oranger qui me fit presque rougir. Son mari venait après elle, jovial garçon fort insignifiant à contempler ; puis tout l'attirail ordinaire, une mère attendrie, un père tout fier de son habit neuf, les commères de l'endroit, et une enivrante odeur de cuisine se mêlant aux sons d'un violon criard. Je suivis Jenny jusqu'à l'autel ; on eût dit qu'elle n'avait fait que cela toute sa vie. Elle dit *oui* d'un ton ferme et décidé, et, sa prière murmurée, elle se leva. J'avais couru au-devant d'elle et je lui offris gravement l'eau bénite. Chose étrange ! je fus heureux de sentir son doigt effleurer le mien, moi qui depuis six ans, deux fois par semaine, l'embrassais à tout hasard. C'était une enfant de ma maison, qu'un autre était venu prendre et m'avait dérobée. Cet autre était un butor; mais c'était un bon homme, c'était un mari. Cependant, toujours poussé par ma triste analyse, je gâtais de mon mieux le bonheur de Jenny, je comparais ses jours de repos à ses jours de travail, et je trouvais déjà que ce plus bel instant de sa vie, son beau jour de noce, avait la physionomie monotone d'un jour très-vulgaire. Peu s'en fallut que dans ma pensée, dix mois à l'avance, je n'étendisse Jenny sur le lit de sangles, en proie à toutes les douleurs de l'enfantement. Je disséquai sans pitié cette joie franchement épanouie, je passai à l'alambic tout ce vin bu avec tant de gaieté. Je me disais qu'il y avait dans ce vin bien des drogues malsaines. Ma stupide philosophie ressemblait à de l'envie, que c'était à faire pitié ou à faire peur. Cependant Jenny était heureuse ; elle était si pressée de regarder son mari tout à son aise, qu'elle me dit adieu sans même m'accorder un regard, et moi je la quittai en la trouvant jolie malgré moi, — jolie parce qu'elle était heureuse ! — et je poussai un soupir qui n'était rien moins que le soupir d'un homme résigné. — Serait-il donc possible, m'écriai-je, que l'amour ne s'aperçût pas du premier coup ? Pourrait-il donc arriver qu'on fût épris d'une femme sans le savoir ? A cette pensée, je sentis un frisson involontaire. Malheureux que j'étais ! c'est en vain que je voulais me le dissimuler à moi-même, ce n'était pas Jenny qui me rendait misérable. Non, je n'étais pas le jouet d'un amour sans nom et sans but : je savais trop bien quel était le triste et indigne objet auquel j'avais attaché ma vie. Misérable et indigne amour ! Quoi donc ! aimer une pareille femme ; la suivre à la trace dans cet affreux sillon de vices et de corruptions de tout genre ; la voir se perdre sans pouvoir lui crier : *arrête !* car cette femme n'entend pas la langue que je parle ; n'avoir rien à lui demander, car ce rien-là, elle l'accorde à tout le monde ! n'avoir rien à lui dire, car cette femme est une femme sans intelligence comme elle est une femme sans cœur! Assister ainsi, témoin muet et impassible, à cette rapide dégradation d'une créature si belle! — et cependant l'aimer, n'aimer qu'elle seule au monde, oublier tout pour elle : renoncer pour elle, même à la vie heureuse, même aux plaisirs, même aux plus simples transports de la jeunesse! Fatalité! Mais, comme disent encore les Orientaux : — *Henriette est Henriette, et je suis amoureux d'Henriette.*

XII.

L'HOMME-MODÈLE.

A deux pas de la barrière, je me trouvai nez à nez avec un homme d'un âge mûr, d'un très-beau visage orné d'une barbe longue et noire. Je le regardai face à face, et de tous mes yeux.

— Si tu veux me voir, me dit-il, paie-moi : je suis le modèle vivant de la nature la plus parfaite; tu vas en juger. Ordonne : qui veux-tu voir? Je m'appuyai contre un arbre. — Fais l'Apollon, lui dis-je, et sois beau, si tu veux être payé!

Alors l'homme se dressa de toute sa hauteur, il repoussa sa barbe sous son menton, il écarta son pied en arrière, il leva les yeux au ciel, puis, ouvrant toutes grandes ses larges narines, il laissa retomber son bras dans sa force et sa liberté. — Le bel homme! me disais-je, et par un mouvement d'envie. — A présent, lui dis-je, montre-moi un esclave romain, qui va être fouetté pour avoir volé des figues.

Aussitôt l'homme se mit à genoux; il courba le dos, il baissa la tête, il s'appuya sur ses deux mains nerveuses, et, se traînant sur le ventre jusqu'à moi, il me regarda avec l'air affable et craintif d'un chien qui a perdu son maître. Ainsi humilié, l'homme était à peine un chien. — Un ver! — un dieu! dit Bossuet. Je voulus tirer ce dieu de sa bassesse : — Vil esclave, lui dis-je, relève-toi, révolte-toi; tu t'appelles Spartacus!

Il se releva alors, mais peu à peu, comme un homme qui se révolte lentement et qui prend toutes ses aises; il mit un seul genou en terre; il fit semblant de saisir avec ses deux mains un homme égorgé, il ouvrit une large bouche, et l'œil à demi fermé, l'oreille tendue, vous auriez dit qu'il savourait par tous les sens le plaisir de la vengeance : j'en eus peur. — Pourrais-tu faire l'homme ivre-mort? lui demandais-je.

— Je ne contrefais jamais l'ivresse, par respect, me répondit-il en se relevant. Si tu me paies bien, tu me verras ce soir véritablement et naturellement ivre-mort au coin d'une borne, et tu me verras *gratis*.

Je lui jetai quelque monnaie. Aussitôt l'Apollon, l'esclave, le dieu, le ver, redevenus un homme vulgaire, n'avaient plus à eux quatre, pour me remercier, qu'un niais sourire et une expression sans chaleur. — Un être si beau et si nul! un si intelligent comédien, un si stupide mendiant! Tout cela dans le même regard, dans la même âme, dans la même chair! Certes, j'avais là le sujet d'une belle tirade philosophique, mais l'accident me fit rire; et, ma foi! je fus tout joyeux... d'être encore si joyeux.

Cependant un petit Savoyard, oisif, insouciant et flâneur, gai Bohémien des rues de Paris, ayant jugé sans doute que j'étais un bon homme, se mit à courir après moi : — Donnez-moi quelque chose, mon capitaine! — Le capitaine restait muet. — Mon général! — Le général courait toujours. — Mon prince! — Foin du prince! — Mon roi! — *Mon roi!* Je fus sur le point de lui donner; mais je pensai à M. Royer-Collard, à M. de

Lafayette, à M. Sébastiani, à M. Odilon-Barrot, à M. Mauguin, à M. Laffitte, au *Constitutionnel*, à toute l'opposition. — *Mon roi!* fi donc! tu n'auras pas un denier, mendiant! Cependant le pauvre petit diable était au bout de ses titres honorifiques; il s'arrêta et il me regardait tristement partir, quand, le voyant immobile et si fort embarrassé, je revins sur mes pas: — Imbécile, lui dis-je tout en colère, puisque tu as tant fait, appelle-moi donc: *mon Dieu!* — Donnez-moi quelque chose, mon bon Dieu! s'écria-t-il en joignant les mains.

Je lui donnai de quoi passer le pont des Arts.

XIII.

LE PÈRE ET LA MÈRE.

Une journée si gaiement passée fut suivie d'une nuit charmante, doucement remplie de songes heureux. Le matin, à mon réveil, je fus tout étonné de me trouver la tête légère, la pensée libre. Alors, mollement étendu dans mon lit, je me mis à savourer mon réveil à loisir, comme fait un buveur bien appris le dernier verre d'une vieille bouteille. Vive Dieu ! c'est une belle chose la tristesse ; mais aussi c'est une douce chose la gaieté, le sommeil facile, les songes riants. Que ma tête est calme, que ma pensée est légère, que mon esprit est vagabond, que mon regard est charmé ! On dirait qu'une fée bienfaisante a posé sa main sur les agitations de mon cœur. Je respire, je vis, je pense ; et tout ce repos ce matin, parce qu'hier je me suis abandonné à ma douce flânerie, parce que je n'ai pas été un philosophe pédant et forcené, parce que je n'ai été ni un poëte, ni un penseur. Allons donc ! (qui le saura ?) redevenons un bon homme tout un jour. O docteur Faust ! ô mon maître ! que de fois t'est-il arrivé de laisser là tes livres, tes fourneaux, ton alambic, et d'aller te promener sous la fenêtre de Marguerite !

Tout en pensant au grand-œuvre, je m'habillais, je me parais, je me faisais gai, je fredonnais un air nouveau, qu'un orgue de Barbarie répétait déjà sous mes fenêtres. Je sortis de la maison bien résolu à ne pas emmener avec moi le philosophe morose, et par une irrésistible habitude, je dirigeai mes pas du côté de Vanves. Arrivé au *Bon Lapin*, je m'arrêtai subitement ; c'était là pourtant que j'avais dérangé mon bonheur sans le savoir ! A ce joyeux rendez-vous, m'était venue la folle idée de suivre jusqu'au bout, témoin impassible et persévérant, la destinée d'une jeune fille ; et quelle fille? une villageoise de Paris! Cependant j'entrai dans le jardin du cabaret ; il faisait chaud ; c'était une chaleur d'automne, un soleil lourd et pesant, contre lequel on est mal défendu par une feuille jaunie et fanée. Je m'assis à ma table accoutumée, j'y avais tracé autrefois mon chiffre artistement enlacé dans un L gothique ; ce chiffre existait encore, mais il était à moitié effacé ; d'autres chiffres l'entouraient, plus nouveaux et aussi fragiles. Que d'heureux moments j'avais passés à cette table! Quelles tranquilles contemplations! Que de fois, à cette place même et sur ces branches immobiles, n'ai-je pas vu se balancer le frais tissu et le léger chapeau ! Quelle belle foule remplissait naguère ces beaux lieux! Mais aujourd'hui le *Bon Lapin* était presque désert, le printemps avait emmené avec lui les ombrages et les amours du petit jardin ; il n'y avait tout au fond de la charmille à demi dépouillée, qu'une espèce de femme richement vêtue, dédaigneuse et comme il faut. — Une dame ; — elle était assise en face d'un beau jeune homme qui paraissait lui parler chaudement et qu'elle écoutait avec dédain, sans l'écouter.

L'attitude nonchalante de cette femme attira mes regards, ses formes élégantes me firent désirer de voir son visage; je ne sais quel vague pressentiment me disait que j'allais la reconnaître; mais j'avais beau regarder, elle ne se retournait pas. Cependant, par la porte du jardin, restée entr'ouverte, un homme infirme et pauvre, que soutenait une vieille femme toute chancelante elle-même sur son bâton, se présenta pour demander quelque aumône. La tête de ce vieillard était belle et sereine, son ton était décent, sa voix n'avait rien de plaintif; j'en eus pitié. Quand il eut enfermé mon aumône dans la poche de sa femme, il alla tendre, à la dame du bosquet, sa main nette et tremblante; mais la dame impatientée le repoussa d'un geste impérieux et dur; le vieillard, facilement découragé, se retirait humblement, lorsque, regardant de plus près cette dame sans pitié : — Ma femme, dit-il à sa compagne, ne croirait-on pas que c'est là notre enfant? En entendant son homme parler ainsi, la pauvre femme poussa un gros soupir; au premier coup d'œil elle avait reconnu leur fille. A la vue d'Henriette, son vieux père abandonné la voulut embrasser et lui tout pardonner; mais elle se détourna avec dégoût : — Au nom de ton vieux père, mon enfant, reconnais-nous encore, nous qui t'avons tant pleurée! et elle détournait les regards.

—Au nom du ciel, disait la mère, reconnais-nous, nous qui te pardonnons!.. Toujours le même silence. J'étais hors de moi. Je me levai : — Au nom de Charlot, m'écriai-je, contemplez votre vieux père à vos genoux ! Les deux vieillards tendaient les bras ; mais au nom de Charlot elle s'était levée, et, sans jeter même un regard de pitié sur ces vieilles mains qu'on lui tendait uniquement pour l'embrasser, elle sortit brusquement du jardin ; l'honnête et amoureux jeune homme qui la suivait avait l'air consterné.

A peine sa robe blanche avait-elle dépassé la porte, que le vieillard, s'asseyant à mes côtés et d'un air à peu près riant : — Vous avez donc connu notre Charlot? me dit-il. — Si je l'ai connu, brave homme ! j'ai mieux fait que de le connaître, je l'ai monté, et sans faire tort à personne, je suis témoin que c'était un digne baudet.

— Ah! oui, un digne baudet, reprit le vieillard, un grison qui portait vingt charges de fumier par jour ! ajouta-t-il en vidant le verre de sa fille et en mangeant le pain qu'elle avait laissé.

—Comment donc se fait-il, mon brave homme, que vous ayez perdu ce digne compagnon ?

— Hélas! Monsieur, ma femme le prêtait souvent à

notre Henriette pour la promener ; nous aimions tant cette enfant, que plus d'une fois j'ai porté moi-même la charge de Charlot pour que Charlot pût porter notre fille. Un beau jour, je m'en souviendrai toute ma vie. Charlot et ma fille s'en allèrent de chez moi pour ne plus revenir ; ma femme pleurait son Henriette, moi je pleurais Henriette et Charlot ; l'enfant nous donnait du courage, le grison nous gagnait notre pain ; nous avons tout perdu le même jour, et me voilà avec une besace et un bâton.

— Pauvre, pauvre Henriette ! reprit la vieille femme.

— Oui, pauvre Henriette ! et pauvre, pauvre Charlot ! ajouta le vieillard, car j'imagine qu'il a fait une triste fin.

— Hélas oui, une triste fin ! repris-je. Je l'ai vu mourir ; pour me divertir un instant on l'a fait dévorer par des chiens.

Les deux vieillards reculèrent de trois pas comme s'ils avaient vu une bête féroce.

C'est en vain que je voulus les rassurer et les retenir, je ne pus me faire entendre ; ils s'éloignèrent plus indignés de ma barbarie que de celle de leur enfant.

En effet, de quel droit leur causer cette horrible

118   L'ANE MORT.

peine, moi que cette femme n'avait pas nourri de son lait, moi que cet homme n'avait pas nourri de son pain?

XIV.

LES MÉMOIRES D'UN PENDU.

Ainsi l'homme propose et Dieu dispose. J'étais retombé, malgré moi, dans ma philosophie; tous mes beaux projets de ce matin, l'aspect de ces deux vieillards les avait réduits à néant. Je quittai le *Bon Lapin* pour n'y plus rentrer, et je revenais sur mes pas, cherchant vainement tout le plaisir que je m'étais promis, quand, au milieu de la route, je rencontrai un voyageur qui marchait sur Paris, comme ferait une armée triomphante ; ce voyageur était un gai compagnon, un insouciant amateur de bon vin et de bonne chère ;

on voyait qu'il marchait sans avoir de but, peu inquiet

de son gîte du soir et de son repas du lendemain ; son visage était franc et ouvert, le hasard respirait dans toute sa personne. J'ai toujours remarqué que le hasard donnait à un homme qui s'y abandonne franchement, je ne sais quel air de force et de liberté qui fait plaisir à voir : ainsi était le voyageur. Comme je voulais me divertir à tout prix et que d'ailleurs il n'avait pas l'air bien farouche, je me mis à marcher à ses côtés ; c'était un bon homme, il m'adressa la parole le premier :

— Vous allez à Paris, Monsieur? me dit-il; en ce cas, vous me montrerez le chemin, car dans toutes ces carrières et parmi toutes ces ronces, je me suis déjà égaré deux fois.

— Volontiers, mon brave ; vous n'avez qu'à me suivre ; nous entrerons à Paris ensemble, bien qu'à vrai dire vous n'ayez pas l'air très-pressé d'arriver.

— Je n'ai jamais eu hâte d'arriver nulle part. Où je suis bien, je reste ; où je suis mal, je reste encore, crainte d'être plus mal. Tel que vous me voyez, véritable héros de grand chemin, j'ai plutôt mené la vie d'un bon bourgeois que d'un chevalier errant. La patience est la vertu qui vient après le courage. Il y a en Italie plus d'un rocher sur lequel je suis resté quinze jours en embuscade, l'oreille tendue, l'œil au guet, la carabine à la main, attendant un gibier qui n'arrivait pas.

— Hé quoi! Monsieur, seriez-vous par hasard un de ces hardis brigands siciliens dont j'ai entendu faire tant d'agréables récits d'assassinat et de vol, et dont la vie hasardeuse a si bien inspiré Salvator Rosa?

— Oui, certes, reprit le brigand, j'ai été dans mon temps un de ces hardis Siciliens, comme vous dites, un jovial et courageux bandit, enlevant l'homme et son cheval sur la grande route, aussi habilement qu'un filou français peut voler une misérable bourse dans une foire de village. A ces mots, il baissa la tête et j'entendis un profond soupir.

— Il me semble que vous devez bien regretter cette belle vie, lui dis-je avec l'air du plus grand intérêt.

— Si je la regrette, Monsieur! vivre autrement ce n'est pas vivre. Rien n'égale, sous le soleil, un digne habitant des montagnes. Figurez-vous un montagnard de vingt ans : un habit vert aux boutons d'or, les cheveux élégamment noués et retenus par un léger filet, une riche ceinture de soie à laquelle ses pistolets sont suspendus, un large sabre qui traîne derrière lui en jetant un son formidable, une carabine brillante comme l'or sur ses épaules; à son côté, un poignard au manche recourbé; figurez-vous un jeune bandit ainsi armé, posté sur le haut d'un roc, défiant l'abîme, chantant et se battant tour à tour, tantôt faisant alliance avec le pape, et tantôt avec l'empereur, rançonnant l'étranger comme un esclave, buvant le rosolio à longs flots, faisant les délices des tavernes et des jeunes filles, et toujours sûr de mourir à une potence ou sur un lit de grand seigneur : voilà le bon métier que j'ai perdu !

— Perdu ! Cependant il me semble que vous n'avez pas dû être facile à pendre, et que, si vous vous êtes retiré du métier, c'est que vous l'avez bien voulu.

— Vous en parlez à votre aise, répliqua le bandit ; si comme moi vous aviez été pendu...

— Vous, pendu !

— Oui, j'ai été pendu, et encore pour ma dévotion. J'étais caché dans un de ces impénétrables défilés qui bordent Terracine, quand un beau soir (la lune s'était levée si brillante et si pure!) je me ressouvins que depuis longtemps je n'avais pas offert le dixième de mon butin à la madone. Justement c'était la fête de la Vierge; toute l'Italie ce jour-là avait retenti de ses louanges, moi seul je n'avais pas eu de prière pour elle; je résolus de ne pas rester plus longtemps en retard;

je descendis rapidement la vallée, admirant le brillant reflet des étoiles dans le vaste lac, et j'arrivai à Terracine au moment où la nuit était le plus éclairée. J'étais tout entier à la madone ; je traversai la foule des paysans italiens qui prenaient, sur leurs portes, le frais du soir, sans songer que tous les yeux étaient sur moi. J'arrivai à la porte de la chapelle ; un seul battant était ouvert, sur l'autre battant était affichée une large pancarte : c'était mon signalement, et ma tête était mise à prix ! J'entrai dans l'église, une église de notre pays catholique et chrétien, avec ses arceaux découpés, sa mosaïque vivante, son dôme aérien, son autel de marbre blanc, son doux parfum, et les derniers sons de l'orgue visitant le moindre écho tour à tour. La sainte image de la madone était entourée de fleurs ; je me prosternai devant elle, je lui offris sa part de mon butin : une croix de diamants qui avait été portée par une jeune comtesse d'Angleterre, femme hérétique, diamants d'une belle eau ; un petit coffre espagnol d'un travail précieux ; un beau collier de perles, enlevé à une galante dame de France qui riait aux éclats, et qui, par-dessus le marché, m'envoya un baiser. La Vierge parut satisfaite de mon hommage ; il me sembla qu'elle me souriait avec bonté, et qu'elle me disait : — *Bon voyage, Pédro! je t'enverrai de bons voyageurs dans les montagnes.* Je me relevai plein de sécurité et d'espérance, et déjà je reprenais le chemin de ma maison, quand je me sentis violemment saisi par derrière ; les sbires m'entraînèrent dans une prison dont je ne pouvais m'échapper, car il n'y avait là ni une femme ni une jeune fille, et il ne me restait pas un paolo pour payer le geôlier.

—Et vous fûtes pendu, mon brave?

—Je fus pendu le lendemain, honneur rendu à mon courage et à ma renommée. Quelques heures suffirent pour élever le gibet et pour appeler un bourreau. Le matin on vint me prendre, on me fit sortir de mon cachot, et à la dernière grille je trouvai des pénitents blancs, des pénitents noirs, gris, chaussés, pieds nus ; ils tenaient à la main une torche allumée ; leur tête était couverte d'un *san benito* qui lançait une flamme sinistre ; vous les eussiez pris pour autant de fantômes ; devant moi, quatre prêtres, murmurant les prières des morts, portaient une bière ; je marchai bravement à la potence. La potence était honorable ; c'était un grand chêne frappé de la foudre, qui s'élevait sur un léger monticule ; de blanches marguerites formaient un tapis de fleurs au pied de l'arbre ; derrière moi s'élevaient les heureuses montagnes toutes remplies de mes exploits. Je saluai, non sans douleur, mon beau domaine; sur le devant de la potence se déroulait un précipice où tombait, avec un sourd murmure, un torrent rapide dont l'humide vapeur arrivait jusqu'à moi ; autour de l'arbre funeste tout était parfum et lumière. Je m'avançai sans trembler au pied de l'échelle, et j'allais me livrer tout à fait, lorsqu'un dernier coup d'œil jeté sur mon cercueil me fit reculer de deux pas : — Ce cercueil n'est pas assez grand pour contenir tout mon corps, m'écriai-je ; on ne me pendra pas si je n'en vois arriver un autre de ma taille. Et je pris un air si résolu que le chef des sbires s'approchant : — Mon cher fils, me dit-il, assurément vous auriez raison de vous plaindre si ce coffre devait vous contenir tout entier; mais, comme vous êtes très-connu dans le pays, nous avons décidé, quand vous serez mort, de vous faire couper la tête et de l'exposer au point le plus élevé de nos remparts.

La raison était sans réplique. Je montai à l'échelle ; en un clin d'œil je fus sur le haut de la potence; la vue était admirable. Le bourreau était novice, de sorte que j'eus le temps de contempler tout à l'aise cette foule qui pleurait sur moi. Quelques jeunes gens tremblaient de fureur, les jeunes filles étaient en larmes; les paysans me regrettaient comme un brave homme qui savait très-bien prélever la dîme sur les voyageurs qui voulaient voir, sans payer, les églises, le soleil, les femmes, le pape et les princes de l'Italie ; les sbires seuls se réjouissaient ouvertement. Au milieu de cette foule se tenait, les bras croisés, Francesco, notre digne capitaine ; son regard me disait : — *Courage aujourd'hui, demain vengeance!* Cependant, en attendant l'exécuteur, je me promenais sur la potence, au-dessus du précipice ; un léger zéphyr agitait doucement la corde fatale. — Tu vas te tuer! criait le bourreau ; attends-moi. Il arriva enfin au sommet de l'échelle ; mais il avait le vertige, ses jambes tremblaient ; cette cascade au-dessous de lui, cet éclatant soleil au-dessus de sa tête, tous ces regards de pitié pour moi et de haine pour lui, toutes ces causes réunies troublaient ce malheureux jusqu'au fond de l'âme. Enfin, et d'une main tremblante, il me mit la corde au cou, il me poussa dans l'abîme ; il tenta d'appuyer son ignoble pied sur mes épaules ; mais ces épaules sont fermes et fortes, un pied d'homme n'y peut laisser d'empreinte ; celui de mon bourreau glissa, le choc fut violent ; d'abord il s'arrêta au bout de la potence avec ses deux mains, puis une de ses mains faiblit, et l'instant d'après il tomba lourdement dans la fondrière, et il fut emporté par les flots.

Tel fut le récit du pendu.

Cette potence si riante, cette scène de mort si gaiement racontée, m'intéressaient au dernier point; jusqu'ici je n'avais pas imaginé que la potence pût devenir un agréable sujet d'amusants souvenirs; jamais je n'avais vu colorer la mort de pareilles couleurs; au contraire, parmi ceux qui ont exploité cette mine féconde en sensations, c'est à qui rembrunira le tableau, à qui ensanglantera la scène, comme si dans notre vie sociale la peine de mort n'était pas une action vulgaire, une espèce d'amende à payer dont on a toujours le montant sur les épaules, rien de plus. Or, telle était la loyauté de notre bandit; il savait que la potence était la contre-partie de sa profession, il savait que la société italienne lui avait dit tacitement : — Je te permets de piller, de voler et même de tuer des Anglais et des Autrichiens, à condition que, si tu nous forces à te prendre, tu seras pendu; cette condition, il l'avait acceptée, et il avait dans l'âme trop de justice pour s'en plaindre. Je voulus donc savoir ce qu'il était devenu depuis qu'il avait été pendu; à ma prière, il continua son récit :

— Je me souviens fort bien de la moindre sensation, me dit-il, et ce serait à recommencer dans une heure, que je ne m'en inquiéterais pas plus que de cela. Dès que j'eus la corde au cou et que je fus tombé dans le vide, je sentis d'abord un assez grand mal à la gorge, puis je ne sentis rien ; l'air arrivait à mes poumons lentement, mais la moindre parcelle de cet air balsamique et bienfaisant retenait ma vie ; et d'ailleurs, légèrement balancé dans cet espace aérien, je me sentais bercé par une main invisible. Le bruit à mon oreille, c'étaient les divines mélodies du ciel; ce souffle tiède et pur sur mes lèvres brûlantes, c'était le baiser de ma bien-aimée ; je voyais les objets comme à travers un voile de gaze ; c'était un lointain lumineux comme si le paradis eût été tout au bout de ma vision. A coup sûr, la sainte Vierge me venait en aide, car j'étais son martyr. Et puis n'avais-je pas mon scapulaire et les cheveux de Maria sur mon cœur? Tout à coup, l'air me manqua, je ne vis plus rien, je ne sentis plus de balancement ; j'étais mort!

— Pourtant, lui dis-je, vous voilà de ce monde plus que jamais, et très-peu disposé à en sortir.

— Ceci est un grand miracle, me répondit gravement le bandit. J'étais mort depuis une heure, quand mon digne capitaine coupa la corde de la potence. Lorsque je revins à moi, mes yeux rencontrèrent le bienveillant regard d'une femme qui, penchée sur moi, me rendait mon âme.... une âme plus pure et plus forte. Cette femme avait la voix italienne, une grâce italienne, le doux parler, le vif regard, toutes les perfections d'une Italienne. Je crus un instant que je sortais du tombeau et que la madone de saint Raphaël me

recevait dans ses bras. Voilà, seigneur, mon histoire de bandit; j'ai promis à ma douce Maria de devenir un honnête homme, si je le pouvais; j'espère en venir à bout par amour pour elle; déjà même, pour être honnête parmi vous, je me suis procuré un habit propre et un chapeau neuf, ce qui est un grand point.

— Il vous faudrait encore un métier, et j'ai bien peur que vous n'en ayez pas.

— Voilà ce qu'on me dit partout, seigneur; et cependant j'ai beau chercher, je n'ai jamais vu qu'un métier menât à quelque chose parmi vous.

— Pensiez-vous être plus heureux en Italie?

— La campagne de Naples, bonne mère, produit chaque matin assez de champignons pour nourrir toute une ville : chez vous, tout se paie, jusqu'à vos champignons qui sont mortels.

— Pensez-vous donc que le métier de lazzarone soit un métier d'honnête homme?

— Il n'y en a pas de plus loyal; on n'est ni maître ni valet; on ne dépend que de soi; on ne travaille que quand il y a urgence, et il n'y a jamais urgence, tant que le soleil reluit là-haut; enfin on peut aller à Rome et faire le tour de Saint-Pierre à genoux, ce qui vaut deux cents indulgences : voilà ce que c'est que d'être lazzarone.

— En ce cas-là, pourquoi donc ne vous êtes-vous pas fait recevoir lazzarone, je vous prie?

— J'y avais bien songé, excellence, me dit-il; Maria

elle-même m'en avait prié; mais j'ai trop peur des éruptions du Vésuve.

En même temps nous entrions dans Paris.

L'entrée de Paris, par la barrière du *Bon Lapin*, est peut-être la plus agréable, quoique la plus modeste de toutes les entrées parisiennes. Vous arrivez à travers les champs, vous traversez une vaste plaine où manœuvre la cavalerie chaque matin; vous entrez dans une étroite allée, vous laissez à votre gauche la *Grande Chaumière* et toutes les guinguettes qui l'avoisinent, et tout d'un coup vous vous trouvez en présence du beau jardin du Luxembourg, aimable et tranquille promenade de ces quartiers lointains. Mon Italien m'interrogeait à chaque pas, s'étonnant de tout, tantôt des vieilles femmes qui encombraient le jardin, tantôt des jeunes pairs de France qui venaient faire des lois, la cravache à la main et l'éperon au talon; cette vaste salle de spectacle et cette Sorbonne si mesquine, ces grands hôtels en simple pierre et pas une statue de marbre, pas un homme occupé à se chauffer au soleil; des lazzaroni travaillant comme des forçats, d'autres lazzaroni chantant dans la rue d'une voix fausse accompagnée d'un instrument plus faux encore; d'horribles gravures coloriées à la porte des vitriers; des pots de terre sans élégance, rien d'antique; des rues étroites, un air infect, de jeunes filles chargées de misère et sans sourire, des marchands de poisons à toutes les rues, et pas une madone! Le bandit était consterné : — Quel métier vais-je donc faire ici pour vivre? me dit-il avec une inquiétude visible.

— Avant tout, que savez-vous faire? lui demandai-je, un peu embarrassé moi-même de sa personne.

—Rien, me dit-il; seulement je ferais de la meilleure musique, de la meilleure peinture, de plus belles statues en marbre; je garderais mieux un palais que tous ceux que j'ai vus jusqu'à présent; et quant à vos marchands de poisons, voici un poignard qui vaut mieux que toutes leurs drogues, ajouta-t-il avec un énergique sourire.

—Si vous n'avez pas d'autre ressource, je vous plains bien sincèrement, mon maître; nous avons sur les bras quinze mille peintres, trente mille musiciens, et je ne sais combien de poëtes qui ne sont pas trop bien dans leurs affaires; — pour ce qui est de votre poignard, je vous conseille de le laisser en repos, car cette fois vous seriez pendu à une potence dont la corde ne casse jamais.

—Cependant, sans me vanter, je ne chante pas mal

une chanson d'amour. Quand j'étais à Venise, c'était, parmi les seigneurs les plus galants, à qui me confierait la conduite de sa sérénade, et je la menais si galamment, que plus d'une fois il m'est arrivé d'achever pour mon propre compte l'entreprise que j'avais commencée pour autrui.

— La sérénade serait le plus sot des métiers parmi nous. En France, il n'y a qu'une manière sûre de prendre une femme, c'est de lui donner quelque chose; toutes les chansons du monde n'y feraient rien. Tu serais Métastase en personne, qu'elles ne feraient que rire, pauvre diable, des sons lamentables de ta guitare et des chants mélodieux de ton amour dans une nuit d'été.

— En ce cas-là, reprit le jeune homme en relevant la tête, j'irai demander du service au roi de France, je lui montrerai comment je sais manier une carabine et me faire obéir d'un bataillon : s'il veut me prendre à son service, je m'engage à monter la garde au plus fort de l'été sans parasol, comme le plus hardi bandit.

— Apprenez, mon brave, qu'on ne parle pas au roi de France. D'ailleurs, pour ce qui est de votre talent sur la carabine, vous trouverez chez nous deux cent mille hommes, payés à cinq sous par jour, qui s'en servent aussi bien que vous; il faut enfin que vous sachiez qu'il n'y a dans le monde qu'une nation étrangère qui ait le droit de garder le roi, et depuis la Ligue on n'a jamais pensé aux Italiens.

— Ah! dit le bandit en fronçant le sourcil, la misérable nation qui n'est pas assez riche pour nourrir une bonne compagnie de brigands, avec un chef! Si vous aviez l'honneur d'en posséder une seule, tant pis pour Maria! ce soir même j'irais faire la cuisine à vos bandits, et je serais le bien-venu.

— Que dites-vous? vous leur feriez la cuisine? et quelle cuisine, s'il vous plaît?

— Par Dieu, je leur ferais une cuisine de grande route, et je ne sache pas que parmi vous il soit un homme assez dégoûté pour refuser de manger de mon rôti assaisonné avec du piment. Quand j'étais à Terracine, j'étais l'homme le plus renommé pour le civet de lièvre et pour la sauce d'anguille de buisson. C'est ainsi qu'en a jugé son éminence le cardinal Fesch, que Dieu conserve! On m'envoya chercher un soir dans ma forêt pour lui faire à souper, et, le repas fini, il jura sur son âme que dans son propre palais il n'avait jamais rien mangé de plus exquis.

Je m'approchai du bandit, et d'un air solennel : — Je vous félicite, lui dis-je, vous êtes un homme sauvé ! Votre talent de rôtisseur vous fera mieux venir parmi nous que si vous étiez un grand musicien, un poëte, un peintre, un sculpteur, un général. Il ne tient qu'à vous de devenir un pouvoir, car nous sommes dans l'âge d'or de l'égalité. Bien plus, à l'heure où je vous parle, la France entière n'est occupée qu'à débattre les devis de la salle à manger d'un ministre. Parcourez donc tout Paris, et à la première maison qui pourra vous convenir, entrez fièrement, dites au maître : *Je suis un grand cuisinier*, prouvez-le, et vous êtes à la tête des affaires.

Le pendu me remercia d'un geste amical ; je le quittai, tranquille désormais sur son sort.

XV.

LE PAL.

L'histoire du pendu me revenait souvent en mémoire. Justement en France, en Angleterre, en Allemagne, partout, s'élevait en ce temps-là une nouvelle école de publicistes qui, pour premier article de leur code, proscrivaient la peine de mort. La question était longuement débattue, comme toutes les théories le seront toujours chez des peuples assez savants et exercés pour jouer avec le paradoxe. Il arriva donc qu'emporté sans m'en douter dans cette foule d'arguments en sens contraire pour et contre la peine de mort, je m'estimai heureux d'avoir parlé à un pendu ; j'étais tout fier de pouvoir raconter l'histoire d'un homme de l'autre monde, sans être forcé de me contenter du récit incomplet et impossible d'un patient qui marche à la mort. Selon moi, j'avais un argument sans réplique en faveur de cette loi pénale si combattue par nos sages ; je n'attendais plus qu'une occasion pour le développer à mon gré.

L'occasion arriva bientôt. Un jour, un jour d'automne, à la fin de toute feuillée, quand vous sentez venir l'hiver et ses frimas, nous étions réunis à la campagne dans un vaste salon froid et pluvieux. La société était nombreuse, mais les membres qui la composaient n'étaient guère animés les uns pour les autres de cette sympathie active qui rapproche les hommes et qui ne leur permet pas de compter les heures qui s'enfuient. Au milieu de la chambre, les dames, silencieuses et complétement isolées, s'occupaient d'ouvrages à l'aiguille. Les hommes se parlaient à de longs intervalles sans avoir rien à se dire ; bref, la soirée était perdue, si cette grande question de la peine de mort ne fût venue jeter une passion intéressante au milieu de tout ce désœuvrement. Le choc devint électrique : chacun avait en réserve son argument tout prêt pour ou contre, chacun parlait de toute la force de ses poumons et sans attendre que son tour fût venu ; pour moi, j'attendais, en homme habile, que ce premier bruit se fût apaisé, et dès que je jugeai l'instant propice, je racontai l'histoire de mon pendu.

Mon histoire produisit peu d'effet ; elle n'était vraie et croyable que dans la bouche du bandit italien ; racontée par moi, c'était un conte sans vraisemblance. A ce sujet, la discussion reprenait de plus belle ; déjà mes adversaires, c'est-à-dire les adversaires de la peine de mort, retranchés derrière ce grand mot : l'*humanité!* comme derrière un rempart inaccessible, avaient à ce point l'avantage, que personne n'osait plus prendre ma défense, lorsqu'au plus fort des clameurs contre la fausseté de mon récit, je rencontrai un secours tout-puissant.

C'était un vénérable musulman. Du fond du sofa bourgeois, économiquement recouvert d'une indienne passée, dans lequel il était plongé, il leva sa tête ornée d'une longue barbe blanche, et reprenant gravement la conversation où je l'avais laissée : —Je veux bien croire, nous dit-il, que cet Italien a été pendu, puisque moi-même j'ai été empalé !

A ces mots, il se fit tout à coup un grand silence ; les hommes se rapprochèrent du narrateur ; les dames, oubliant leur aiguille, prêtèrent une oreille attentive. Vous avez peut-être remarqué des femmes en groupe, écoutant un récit qui les intéresse ; alors vous avez souvent admiré cette physionomie qui s'anime, cet œil qui s'ouvre de toute sa grandeur, ce sein qui s'arrête tout court, ce joli cou qui se dresse comme le cou du cygne, et ces deux mains oisives qui retombent nonchalamment : voilà ce que j'admirais moi tout seul, en attendant qu'il plût au Turc de commencer.

— Que Mahomet soit loué! dit-il ; mais une fois dans ma vie j'ai pénétré chez les épouses sacrées de Sa Hautesse !

Ici l'attention devint plus grande ; je remarquai une jeune fille de quinze ans qui écoutait, assise à côté de sa mère ; elle fit semblant de reprendre son ouvrage. Quand on travaille on n'écoute pas.

— Je me nomme Hassan, reprit le Turc ; mon père était riche, et je le suis. En véritable musulman, je n'ai eu qu'une passion dans ma vie, c'est la passion des femmes. Mais autant j'étais passionné, autant j'étais difficile dans mes choix. C'était en vain que je parcourais tous les marchés les plus célèbres, je n'en trouvais aucune assez belle pour moi. Chaque jour on me faisait voir de nouvelles esclaves, des femmes

noires comme l'ébène, d'autres femmes blanches comme l'ivoire; celle-ci venait de la Grèce, le pays des belles filles, mais elle était tout en larmes; celle-là venait de France, mais elle me riait au nez et elle me tirait par la barbe. — Tu n'as donc rien de plus beau, disais-je au marchand d'esclaves? — Mais souviens-toi, Hassan, qu'il ne faut pas tenter Dieu. Certes, la femme est une belle créature, mais il ne faut pas la vouloir plus belle que Dieu ne l'a faite. Ainsi parlait le marchand d'esclaves; il avait raison, le digne homme; il ne vantait pas sa marchandise, il la vendait comme il l'avait. Moi, cependant, je voulais tout simplement l'impossible; si bien qu'un soir, poussé par mon envie, je me mis à franchir les remparts du palais impérial.

Je ne songeais pas à me cacher, j'escaladai les murs de Sa Hautesse comme si elle n'eût eu à son service ni janissaires, ni muets, et par conséquent je ne fus aperçu de personne. Je pénétrai heureusement à travers les trois enceintes impénétrables qui défendent le sacré sérail; puis enfin quand revint le jour, je plongeai un re-

gard téméraire dans ce sanctuaire inviolable. Ma surprise fut grande lorsqu'à la lueur blanche et pâle du premier soleil je pus juger que les femmes du successeur de Mahomet ressemblaient à toutes celles que j'avais vues. Mon imagination désabusée ne pouvait croire à cette triste réalité, et je commençais à me repentir de mon entreprise, quand tout à coup je fus saisi par les gardes du palais.

Non-seulement il y allait de ma tête, mais encore il y allait de la vie de ces malheureuses femmes que j'avais surprises dans leur sommeil : on résolut de ne point parler de cette souillure à Sa Hautesse ; et cependant, entraîné sans bruit hors de l'enceinte formidable, je fus conduit au supplice que j'avais mérité.

Peut-être, Messieurs, ne savez-vous pas ce que c'est que le pal ? C'est un instrument aigu placé sur le haut de nos minarets, et qui ne ressemble pas trop mal à ces flèches de paratonnerres que vous avez inventées, vous autres Européens, comme pour défier le destin jusque dans les nuages. Il s'agissait de me mettre à cheval sur ce pal effilé, et pour mieux me faire garder l'équilibre, on m'attacha à chaque pied deux boulets en fer. La première douleur fut cruelle; le fer s'enfonçait lentement dans mon corps; et le deuxième soleil, dont les rayons plus brûlants frappaient sur les dômes étincelants de Stamboul, ne m'aurait peut-être pas trouvé vivant à l'heure de midi, si mes boulets ne se fussent détachés de chaque pied; ils tombèrent avec fracas; ma torture

devint alors plus supportable, et je me mis à espérer que je ne mourrais pas. Rien n'égale en beauté le spectacle que j'avais sous les yeux : une mer immense, entremêlée de petites îles revêtues de verdure, et sillonnée dans tous les sens par les vaisseaux de l'Europe. De la hauteur où j'étais placé, je compris que Constantinople était la reine des villes. A présent, je planais au-dessus de la cité sainte ; je voyais à mes pieds ses brillantes mosquées, ses palais romains, ses jardins suspendus dans les airs, ses vastes cimetières, refuges tranquilles des buveurs d'hydromel. Dans ma reconnaissance, j'invoquai le Dieu des croyants. Sans doute ma prière fut entendue, car un prêtre chrétien me délivra au péril de ses jours; il m'emporta dans sa cabane et me sauva. A peine guéri, je retournai dans mon palais ; mes esclaves se prosternèrent à mes pieds. J'achetai, le lendemain, les premières femmes qui se présentèrent; je rechargeai ma longue pipe d'écume, je la trempai dans l'eau de rose, et si je pensai quelquefois aux muets de Sa Hautesse et à leur supplice, c'était pour me rappeler tout haut qu'il faut acheter les femmes comme elles sont, et que si le Prophète ne les a pas faites plus belles, c'est que le Prophète n'a pas voulu. — Allah est grand !

Ainsi parla le Turc ; ce long récit l'avait fatigué ; il retomba nonchalamment sur les coussins de la bergère, et il reprit la voluptueuse attitude d'un bon croyant qui fume sa pipe à l'heure de midi. Dans cette attitude, si j'étais peintre, je peindrais le calme et le bonheur. A mon sens, rien n'exprime le repos comme un heureux enfant de Mahomet couché sur un tapis de Perse, sans peine, sans désirs, sans rêve, et dans cet heureux sommeil de l'Orient qui ne vous force même pas à fermer les yeux, comme si c'était déjà une trop grande violence pour un mortel.

Ainsi parla le Turc : J'ai remarqué souvent qu'une histoire intéressante et bien racontée disposait merveilleusement les esprits et changeait souvent la face d'une conversation, de l'ennui au plaisir. Une fois entré dans un salon, que voulez-vous qu'on fasse, sinon se glorifier soi-même et décrier les absents? Ainsi donc, après ce premier récit, la soirée prit une face nouvelle; chacun se rapprocha de son voisin, et, bien plus, la maîtresse du logis, étouffant la voix d'une économie parcimonieuse qui lui reprochait d'ouvrir son bûcher avant que l'almanach n'eût annoncé positivement l'hiver, parla de nous faire un peu de feu. La proposition fut acceptée avec mille bravos unanimes : en un clin d'œil la cheminée fut débarrassée de son rempart de papier gris; le sarment embrasé fit reluire les chenets de cuivre, en même temps que tous les visages, égayés et ranimés par cette douce chaleur, annonçaient une satisfaction inattendue. Il y a tout un poëme descriptif dans le premier feu de ce dernier jour d'automne, qui vous donne à l'improviste un avant-goût des plaisirs flamboyants de l'hiver.

Cependant le feu brillait dans l'âtre ranimé ; au moment où la flamme blanche et bleue, précédée d'une bonne odeur de sapin, jetait son plus grand éclat, elle se porta subitement sur un jeune homme qui n'avait pas encore parlé. Il était assis dans un coin et semblait ne prendre part à la conversation que pour en relever de temps à autre les traits saillants par un sourire moitié affable, moitié moqueur, de sorte qu'à l'instant même tout l'intérêt fut autour de cet homme. D'ailleurs il était jeune et beau, son œil était noir, et tout révélait en lui l'homme de goût et l'homme d'esprit, qui dans le monde ne se regarde comme supérieur ou comme inférieur à personne. Au premier abord et à la curiosité des regards, notre jeune homme comprit qu'on lui demandait une histoire. Aussitôt, sans se faire plus longtemps prier, il appuya son bras sur le siége d'une jeune femme qui était presque assise devant lui, et, la tête penchée à côté de cette tête fraîche et jolie, il commença son récit avec une voix si douce et si pure, que vous auriez dit que c'était la jeune femme qui parlait, si ses lèvres entr'ouvertes n'eussent pas été par-

faitement immobiles, si elle-même elle n'eût pas pris l'attitude du plus entier recueillement.

— Je crains bien, Mesdames, dit le jeune homme... Cette dérogation inattendue à cette règle sociale qui exige qu'on dise toujours *messieurs* quand on parle en public, parut une nouveauté piquante dont ces dames surent bon gré au narrateur. En effet, par cette tactique habile le jeune homme se donnait les honneurs d'un tête-à-tête féminin, et s'isolait du reste de l'assemblée; il y eut donc un murmure d'approbation qui le força à recommencer sa phrase : en homme d'esprit, il la recommença tout autrement.

— Pour moi, reprit-il, je n'ai été que noyé; mais les circonstances de ma mort sont assez étranges. Quelques-uns de vous connaissent sans doute, hors des murs de Lyon, un des plus beaux paysages qui soient sous le soleil.

C'était un jour d'été, un de ces jours où le ciel est entièrement bleu, à l'air chaud et pur. J'étais mollement couché sur les bords du fleuve, ou plutôt sur les bords de ce rivage mixte qui voit tout à coup la Saône s'unir aux flots du Rhône, ses flots limpides résister d'abord aux flots jaunâtres de son amant, résister plus mollement ensuite, puis enfin, s'avouant vaincue, se mêler entièrement à cette onde maîtresse et rouler dans le même lit. A cette heure de midi, la chaleur était accablante, l'onde était limpide; j'étais couché sur le gazon du rivage, entre le sommeil et la veille, et dans l'état de béatitude d'un homme qui a pris de l'opium; que vous dirai-je? A force de contempler cette vaste nappe d'eau qui de loin me paraissait si paisible et si calme, je crus découvrir dans le fond de la rivière, assise sur un quartier de roche, je ne sais quelle idéale et jeune beauté qui me tendait les bras avec un doux regard. Le charme était inexprimable. La vision se balançait mollement dans le miroir des eaux ; un vieux tilleul du rivage protégeait cette jeune tête des blanches fleurs qui le décoraient, et de ses feuilles vertes il lui faisait un vêtement diaphane. J'étais sur le bord du fleuve, immobile, enchanté, saisi par un amour indicible, réalisant tous les rêves d'une première jeunesse; il me sembla que j'étais le héros du Tasse, le beau Renaud arrêté dans les jardins d'Armide, au bord de ces bassins de marbre où les nymphes délirantes chantaient l'amour en se balançant dans l'onde argentée; ces belles femmes, du fond de ce cristal limpide, me tendaient leurs bras et leurs sourires; — je succombai!

Déjà j'étais dans le fleuve, et ni la fraîcheur de l'eau, ni la force irrésistible qui soudain me saisit et m'entraîna, ni la fuite de ma déesse diaphane, ne purent m'arracher à mon rêve poétique ; je nageais au milieu de ces deux grands fleuves, le Rhône et la Saône, qui se disputaient mon corps comme une proie. Sans songer aux périls qui m'attendaient, je me laissais aller complaisamment à leurs efforts ; tantôt je me trouvais mollement bercé dans les bras de la Saône, tantôt le Rhône m'arrachait violemment à ces douces étreintes, et m'entraînait avec furie ; d'autres fois, placé sur les confins de ces deux puissances rivales, emporté par l'une, arrêté par l'autre, j'étais immobile, et alors ma vision me revenait aussi belle, aussi riante, aussi jeune ; un instant elle fut si près de moi que je me précipitai pour la saisir. J'ignore ce que je devins alors, à quel bonheur je fus admis, à quelle indicible récompense je fus appelé ; mais après un jour tout entier de cette extase, je me réveillai dans la grange d'un villageois ; la nuit descendait des montagnes, les bœufs rentraient dans leur étable en poussant de mélancoliques mugissements ; ma tête était soutenue par un de ces beaux et vigoureux rameurs du Rhône, comme on en voit encore beaucoup dans mon village de Condrieu ; partout ailleurs, ces hardis navigateurs, hommes dégénérés, sont devenus de timides et astucieux marchands ;

ils n'ont pas conservé dans leurs veines une goutte du sang de leurs pères.

Voilà ma mort; ce fut, comme vous voyez, un beau rêve. Je suis parfaitement de l'avis de l'Italien et du Turc. La mort, vous le voyez, la mort pénale de l'Italie, la mort despotique de l'Orient, la mort volontaire de l'Occident, ne sont pas plus à craindre l'une que l'autre. Depuis ce jour, je suis de l'avis de ce philosophe qui pensait que vivre et mourir c'était même chose; seulement, puisque je m'étais endormi une fois, je suis fâché de m'être réveillé.

Ainsi parla le jeune homme ; et quand, à la fin de son discours, il se vit l'objet de l'attention qui durait encore, son visage devint couleur de pourpre, il se retira vivement du fauteuil sur lequel il se penchait, et sans le vouloir il effleura de sa joue la joue de la jeune femme qui était assise devant lui. Je remarquai à ce sujet que cette rougeur était contagieuse ; et de fait, c'était plaisir de voir ces deux jeunes têtes s'animant tout à coup du même incarnat de leurs vingt ans.

Quand l'assemblée fut un peu revenue de ces récits étranges, la discussion recommença de plus belle ; les adversaires de la peine de mort n'avaient rien à opposer à de pareils arguments. Pendant qu'ils se creusaient la tête pour trouver quelques réponses plausibles, les partisans timorés de la mort légale, un instant battus, et qui avaient craint jusqu'alors d'être taxés de cruauté, revenant à la charge avec plus de vigueur, ne mettaient plus de fin à leurs démonstrations. C'était à qui se souviendrait d'être mort au moins une fois en sa vie. L'un, au bois de Boulogne, était tombé percé d'un coup d'épée, et il se rappelait fort bien que le froid du fer n'était pas une sensation désagréable ; l'autre avait reçu une balle en pleine poitrine, sans ressentir le moindre mal ; celui-ci avait fait une chute qui lui avait fracassé le crâne, et il n'en conservait pas d'autre souvenir ; je ne parle pas des fièvres putrides, des fièvres malignes, des fièvres cérébrales, de toutes les fièvres possibles; en un mot, on fit si bien, qu'il fut conclu, à l'unanimité, que la mort n'était pas une douleur ; que la mort pour un crime était moins, de la part de la société, une satisfaction équivalente du crime commis, qu'une précaution pour le repos de tous; que la société payait beaucoup trop cher la mort des champs de bataille, en la payant par la gloire, cette récompense immortelle; et qu'enfin craindre la mort dans son lit était le métier d'un sot plus encore que le métier d'un poltron.

On en était là de cette dissertation pénale, à laquelle Beccaria en personne n'eût su que répondre, lorsqu'un gros abbé, qui était resté jusqu'alors plongé dans un long fauteuil et dans l'état heureux d'un homme qui digère un bon dîner, se levant avec effort de son siége, alla se placer au centre de la conversation, au-devant de la cheminée et vis-à-vis la flamme scintillante; ainsi placé, il se mit bien d'aplomb sur ses deux pieds, et comme c'était un homme de sens et de bon conseil, un de ces vieux prêtres à bonne et indulgente conscience que la Révolution française avait chassés à l'étranger, et qui, rentrés dans leur patrie, s'étaient mis à reconstruire de leur mieux une vie de chanoine tout empreinte d'un tranquille bien-être pour soi-même et d'une active charité pour les autres, le digne homme fut écouté avec attention :

— Par saint Antoine, s'écria-t-il, voilà une belle discussion sur la peine de mort ! M'est avis, Messieurs, que vous en agissez bien à votre aise; si, comme moi, vous aviez manqué mourir d'une indigestion, vous parleriez de la mort avec plus de respect.

XVI.

LES CAPUCINS.

C'était bien en vain que je cherchais à oublier la double passion, la double étude de ma vie, Henriette et la laideur morale; rien ne pouvait me distraire de cette funeste passion, de cette fatale étude. Chaque jour je me trouvais possédé davantage de je ne sais quel épouvantable désir de pousser l'horreur à bout, de savoir enfin si je pouvais la dépasser, ou bien si je serais vaincu par elle. Or, pour moi, l'horreur n'existait que là où était Henriette, nature si vide et si fausse, abîme d'égoïsme et de faiblesse, être humain qui n'avait rien de l'homme moral, merveilleuse enveloppe à laquelle rien ne manquait, l'âme exceptée. Ce je ne sais quoi vivant et sans cœur, auquel je m'étais attaché et que je suivais à la trace dans le vice, je le retrouvai encore un matin. Vous dire en quel lieu, comment l'oser, et d'ailleurs comment vous le dire? Cependant il le faut. Mon histoire ne serait pas complète si nous ne traversions pas toutes ces fanges livides. Le lieu terrible où le vice l'avait portée, cette femme, — dans la société telle que nous l'avons faite, c'est un lieu aussi fatal, aussi nécessaire, j'ai presque dit aussi inévitable que la Bourbe ou la Morgue. Antre infect, abominable, tout rempli de plaintes, de misères, de hurlements, de grincements de dents. C'est là un hôpital, mais un hôpital sans respect. Le médecin lui-même méprise ses malades; il a pour eux plus de dégoût que de pitié. Cette fois, l'hôpital devient prison, le malade devient ulcère; le mal prend en ce lieu toutes sortes de noms horribles qu'on prononce tout bas. Le passant désigne du doigt avec un rire moqueur la victime qu'on y porte. C'est le préfet de police, et non pas la sœur de charité, qui tient ouverts ces funestes asiles. La police est la reine et la souveraine maîtresse de ces lieux; la sœur hospitalière s'enfuit loin de ces misères en se voilant la face; il faut donc que ce soient là des figures bien hideuses, pour que vous en détourniez votre chaste regard, douces et saintes filles, chastes reines de la Pitié et de l'Hôtel-Dieu! La misérable que le vice jette dans ces demeures y entre d'ordinaire à la suite d'un banquet, la lèvre mal essuyée, le sein nu, la tête couronnée de fleurs. Elle en sort comme elle y est entrée, le sein nu, chargée de fleurs, et toute prête à s'enivrer encore; et cependant l'espace étroit où on la renferme, l'air qu'elle respire, les tortures fétides qui l'attendent, la honte et la misère ignoble dont elle va être la vassale abominable, tout fait de ce lieu redouté comme une première damnation presque aussi terrible que celle qui attend le crime après la mort.

Au sommet de la rue Saint-Jacques, entre l'hôpital Cochin et le Val-de-Grâce, et tout à côté de la Bourbe, on rencontre un ancien monastère, triste et isolé, assez semblable aux ladreries du onzième siècle. Une sale et infecte fabrique de chandelles étend son ombre suintante à la gauche de ce bâtiment. A son angle droit, une pauvre marchande de pommes s'est construit une cabane en bois ; à la porte de cette cabane, une grande chèvre se promène, maigre et efflanquée. Vous entrez, et dans les gardiens, pas un regard de bienveillance ou de pitié ; dans le médecin, pas de compassion ; dans les malades, pas de confiance ; ce sont les mœurs, c'est l'effroi, c'est l'égoïsme d'une ville ravagée de la peste ; c'est ce qu'il y a de pire au monde, la honte chez le malade et de cuisantes douleurs qu'il n'ose pas avouer. Dans ces murs, l'effroi, la faim, des passions dévorantes, une inquiétude toujours croissante, un mal qui prend toutes les formes, tous les noms, qui usurpe toutes les places, du dégoût et de l'horreur, voilà la vie, si c'est vivre ! L'air en est infecté, le ruisseau en est fangeux. J'ai vu dans cette enceinte de jeunes hommes, pâles, livides, verts, hébétés, privés de leur raison naissante, insipides victimes d'une insipide passion ; à côté d'eux, des pères de famille, portant le deuil de leurs femmes et de leurs enfants ; plus loin, des vieillards horribles, que l'art médical conservait précieusement comme autant de phénomènes curieux que l'on montrait aux étrangers, en disant : *Nos pestiférés sont plus affreux que les vôtres !* — digne sujet d'orgueil ! Tout ce peuple de misérables tordus, courbés, écrasés sous le mal, sans mémoire, sans espérance, sans souvenirs, se promenaient d'un pas lent et silencieux. Dans cette foule, pas un malade n'aurait osé se plaindre même à Dieu, tant ils ont peur d'être entendus des hommes! C'était partout, et sur tous ces visages et dans toutes ces âmes, la même lèpre, la même honte, la même fange infecte, le même désespoir. Ah! me disais-je, tu veux de l'horreur; ah! te voilà à la poursuite de toutes les infamies! ah! tu sors de chez toi, le matin, uniquement pour contempler toutes sortes de lambeaux, de pourritures et de corruptions; eh bien! sois satisfait, sois repu d'infections et de vices! Mais pourtant sortons, sortons au plus vite de cette peste. Et en effet, j'allais pour sortir; quelqu'un me dit : L'hôpital est double; ici sont les hommes, là-haut sont les femmes; ne voulez-vous pas voir les deux sexes? Des femmes ici? des femmes? Hélas! à peine sur l'escalier, je rencontrai des nourrices infectées par le frêle nourrisson qu'elles tenaient encore sur leur sein flétri, plutôt avec un regard de pitié que de colère; de pauvres filles de la campagne, pleurant et ne concevant rien à leur maladie, rien au sourire moqueur qui les accueillait, cachaient leur tête dans leur tablier de bure. A la porte de ce repaire, une jeune femme, innocente, — et déplorable victime du lien conjugal, se tenait immobile comme une statue de Niobé, attendant, dans un lit misérable, une place à côté de quelque prostituée. Quoi ! la femme qui nourrit un enfant de son lait; quoi ! la jeune fille qui s'abandonne à son amour; quoi donc ! l'honnête femme qui se fie à son mari ; quoi ! celles-là aussi atteintes de cet horrible mal ? Malheureuses ! et plus à plaindre cent fois que les autres malades, que d'ici vous entendez rire aux éclats dans les dortoirs. Celles-là, elles sont chez elles, elles font de l'hôpital une maison de plaisance, un lieu de repos. J'entrai dans le dortoir : la salle est immense; on riait aux éclats, on jouait à mille jeux; les unes se faisaient belles avec un voile de laine, les autres se paraient avec un peignoir; les plus jeunes, à moitié nues, se disputaient à qui était la plus jeune; d'autres juraient affreusement ou chantaient d'une voix rauque quelque chanson d'ivrognerie et de débauche. Autant les hommes, habitants de ces demeures, étaient laids et pâles et découragés, autant la plupart de ces femmes étaient encore fraîches et blanches et heureuses. Malheureuses femmes ! assez belles pour être belles même là ! assez insouciantes pour chanter encore, là ! assez fortes pour rire de toutes ces tortures ! Mon Dieu, quels trésors de beauté tu leur as donnés dans ta colère ! Pauvres créatures maudites! Elles auraient pu être l'honneur de la jeunesse, l'orgueil du foyer domestique, la force de l'âge mûr, la consolation du vieillard; elles ont tout dévoré avant vingt ans, jeunesse, vertus, beauté, famille, l'amour et le mariage, l'enfance et la vieillesse; elles ont prodigué, elles ont vendu pour rien, elles ont changé contre des ulcères tous ces biens précieux qu'elles avaient reçus de Dieu en partage, la grâce, la jeunesse, le sourire, la santé, le bonheur! Oh! vraiment, c'est horrible, horrible! — Tout à coup, à un signal donné, les jeux s'arrêtent, un grand silence remplace ce grand bruit, toutes ces femmes se mettent en ordre, et elles se traînent, l'une après l'autre, pour se rendre où le médecin les attend.

C'était au lit de misère. Ce lit de misère occupe une petite salle basse, éclairée d'une seule fenêtre qui donne sur un égout; les murs en sont grisâtres, bizarrement ornés par quelques figures obscènes échappées à l'oisiveté des malades. On a placé sur le lit une mince paillasse recouverte d'une toile noire; à côté de ce grabat sont semés çà et là, dans un triste pêle-mêle, toutes sortes d'instruments tranchants. Cependant on apporte un réchaud rempli de feu; dans ce feu rougit le fer; autour du lit se tiennent de vieilles habitantes de l'endroit, incurables qui par leurs services ont mérité d'assister à ce spectacle ; sur l'unique siége est assis l'élégant opérateur qui s'entretient d'actrices et de journaux avec ses élèves. J'étais au milieu de ces jeunes adeptes d'Esculape, plus savants que le dieu lui-même de la médecine, qui avait le bonheur d'ignorer tant de maladies, et j'étais le seul qui fût ému et attentif. Par la porte entr'ouverte je considérais toutes ces femmes si peu vêtues qui attendaient

leur tour avec autant d'impatience que s'il se fût agi d'une entrée à l'Opéra. Il y avait dans le nombre des têtes ravissantes, des têtes d'enfant, frêles et décentes, une bouche entr'ouverte et un léger sourire ; de belles têtes aux sourcils arqués, au regard expressif, aux noirs cheveux ; c'était un mélange confus et varié de beautés diverses, vrai sérail de sultan, qui la nuit, réveillé par le maître, arrive pieds nus jusqu'à la porte de son harem, attendant dans un respect amoureux ses ordres et son mouchoir.

Une voix se fit entendre ; un nom : *Henriette!* Henriette! Et du sein de la foule qui lui faisait place, je la vis arriver la tête haute, le regard fier, toujours belle ; elle se jeta sur le lit de misère avec autant d'aisance que sur la prairie de Vanves, et elle attendit l'opérateur. Le silence était grand ; l'homme était armé de ciseaux recourbés, il taillait dans la chair vive ; on n'entendait que le bruit sonore de l'instrument, et quand, vaincue par la douleur, la jeune femme faisait un mouvement, quand elle poussait une plainte, on lui répondait par des cris de colère ou de mépris. Pour moi, partagé entre l'horreur et la pitié, entre l'amour et le dégoût, je contemplais cette malheureuse, j'admirais son courage, j'admirais ce corps si blanc, ces formes si pures, cette main délicate et douce, ce cou frêle et gracieux, toute cette beauté si misérablement anéantie!

Je me disais qu'elle eût fait le bonheur d'un roi... elle était descendue au dernier échelon de l'humanité dégradée ! Quand l'opérateur en eut fini avec le fer, il employa le feu ; il brûla impitoyablement toutes ces plaies saignantes, regardant par intervalle son affreux ouvrage avec la complaisance d'un jeune peintre qui achève un paysage. Puis, avec une voix dure : — Fais place à une autre, coquine ! s'écria-t-il, et qu'on ne te revoie plus ici ! Elle se leva, pâle et souffrante, marchant à peine, insolente encore ; une autre malade l'avait déjà remplacée, que je ne m'étais pas encore aperçu de son départ.

XVII.

LE RETOUR.

Je ne saurais dire comment je sortis de ce lieu funeste. Arrivé à la porte, je remontai dans ma voiture, un cabriolet de campagnard assez laid, mais large et commode. Je restais là plongé dans un étonnement stupide qui tenait du désespoir, lorsqu'après une heure d'attente tout au moins, vers le milieu de la rue de la Santé (*la*

Santé! amère dérision, trait d'esprit de quelque conseiller municipal), sur le bord des boues éternelles qui l'encombrent, je découvris quelque chose de blanc et de glacé, qui semblait attendre un moyen de se tirer de cette fâcheuse position. Mon parti fut bientôt pris : — Donne-moi ton carrick et ton chapeau, monte derrière le cabriolet! dis-je à Gauthier. Disant ces mots, je chargeai mes épaules du carrick galonné, et, les yeux couverts du vaste chapeau ciré, je m'aventurai en véritable cocher de fiacre vers ces deux femmes.

C'était Henriette, et à côté d'elle, cette jeune et honnête femme mariée dont la décence et la douleur m'avaient frappé; guéries en même temps toutes les deux, elles avaient été jetées toutes les deux à la porte, à demi nues, mortes de froid, l'une n'ayant pas d'asile, l'autre ne sachant comment se rendre dans le sien.

Je descendis : — Voulez-vous monter dans ma voiture? leur dis-je. A peine eus-je parlé, qu'Henriette avait pris sa place dans le vaste cabriolet, sans se faire autrement prier.

—Je n'ose pas, Monsieur, me répondit l'autre femme; mon mari demeure bien loin et je doute que votre course vous soit payée. En même temps elle se cachait de son mieux sous un châle noir, le seul de ses effets qu'elle n'eût pas donné à ses compagnes d'infortune ou que celles-ci n'eussent pas dérobé, et elle restait assise sur la borne, les pieds dans de vieilles pantoufles qui prenaient l'eau de toutes parts.

— Montez toujours, Madame, lui répondis-je ; vous me paierez si vous pouvez. Je me plaçai entre ces deux femmes. Au même instant, toutes les filles guéries sortaient ce jour-là de l'hôpital. On n'eût jamais dit, à les voir si alertes, par quelles horribles épreuves les malheureuses avaient passé. Elles riaient, elles sautaient, elles chantaient : *Vive le vin et vive l'amour !* Elles rentraient à la fois dans le monde et dans la débauche. — A quoi donc sert cet horrible mal? La plupart de ces femmes libérées étaient reçues avec transport par des hommes à figures équivoques; le cabaret voisin retentissait de cris de joie, les fiacres se remplissaient; dans la foule, quelques vieilles femmes à l'air ignoble venaient reprendre leurs captives, de pauvres filles qu'elles avaient achetées au pays de Caux, dans tout l'éclat virginal de la vingtième année, que la maladie avait enlevées à ces galères abominables, et qui n'avaient pas fait tout leur temps.

— *Où allons-nous, Madame?* demandai-je en m'adressant d'abord à la jeune et malheureuse femme qui tremblait à mon côté.

Elle était si troublée qu'elle m'entendait à peine. Elle me dit enfin que son mari demeurait là-bas tout au loin. Pourtant, la malheureuse! elle l'avait tant prié de venir la voir et de la retirer lui-même de cette misère où il l'avait plongée! Mais il n'était pas venu : — Et sans vous, Monsieur, je serais morte de froid et de honte sur cette borne. Ainsi elle parlait, et d'une voix si douce! et elle jetait sur moi un si touchant regard! Pauvre femme! si chaste et si souillée! si honnête et si perdue! faite tout exprès pour les douces joies domestiques, et passant sa lune de miel à l'hôpital! Nous avancions; à chaque rue nouvelle elle devenait plus triste. J'en fis la remarque et je mis le cheval au pas. —Qu'avez-vous donc, pauvre jeune femme, et pourquoi tremblez-vous si fort?—Hélas! me dit-elle, mon mari, comment va-t-il me recevoir? comment me pardonnera-t-il le mal qu'il m'a fait? — Je la regardai, elle était pâle et livide; son beau visage portait des traces ineffaçables de toutes les souffrances de l'âme, du cœur, de l'esprit et du corps. — Ayez bon courage, Madame! lui disais-je; en ce moment nous passions sous l'arcade de l'Hôtel-de-Ville. — Bon courage! mon Dieu, j'en ai eu grand besoin depuis un an! Malheureuse que je suis, un an de tortures et de prison pour un mois de mariage! Nous arrivâmes ainsi à la porte de sa maison; j'arrêtai mon cheval; la jeune femme était muette, je lui donnai le temps de se remettre. Quant à Henriette, transie de froid, elle avait caché sa tête sous le dernier collet de mon carrick, et elle s'était endormie, les deux mains sur mes genoux.

A la fin, je dis à la jeune dame : — Voulez-vous, Madame, que je vous mène à votre mari? Elle me jeta un regard languissant, mais plein de reconnaissance. Alors je soulevai la tête d'Henriette, je la relevai avec précaution, et j'abaissai la portière de ma voiture; l'air frappa sur la tête de la fille endormie, le froid la saisit, elle ouvrit les yeux, elle prononça comme une plainte vague et sans suite. La jeune femme honnête était déjà sur le seuil de la porte; sans rien dire, elle ôta le châle noir qui couvrait ses épaules, et, remontant sur le marchepied du cabriolet, elle entoura de ce sympathique lambeau les épaules d'Henriette, qui luttait encore contre le sommeil; l'impassible Gauthier tenait la bride de mon cheval.

Sa dernière aumône accomplie, la malheureuse reprit courage; elle montait le raide escalier en s'appuyant sur mon bras, car si elle ne tremblait plus, elle était si faible! La maison était calme, propre, froide, aussi correcte qu'une maison d'usurier; nous nous arrêtâmes au second étage; nous frappons; une voix répondit : — Entrez! J'ouvris la porte; la jeune femme était pâle comme la mort; son beau sein, qui n'était plus voilé, était haletant; j'entrai le premier. Un homme entouré de cartons verts et de papiers nous reçut; il accueillit sa femme comme s'il l'eût vue la veille; pas un mot d'intérêt, pas un sourire, pas un regret, pas une pitié! L'homme horrible! Il osa encore donner à cette femme un baiser qui me fit peur, car cet homme avait les yeux pleins d'une horrible rougeur, ses cheveux morts tombaient en tristes flocons, de larges pustules couvraient son visage! — Ah! malheureuse femme! m'écriai-je en m'approchant d'elle, malheureuse! que venez-vous faire ici? Quelle destinée vous ramène à votre perte! Ici!... vous seriez mieux d'où vous sortez! L'homme souriait d'un air railleur, et continuait la recherche de ses papiers.

La frêle et innocente créature se prit à pleurer; puis elle me regarda; elle avait l'air de me dire : Je connais mon sort; dans un an, venez me reprendre au même endroit!

O pauvre malheureuse! voilà donc où te mène le devoir? Et que ferait donc de pis la débauche? et serait-il donc vrai que la misérable Henriette eût raison, puisqu'enfin, toi la vertu, toi l'honneur sans tache, tu es plus à plaindre que la prostituée de la rue? Pauvre femme, pauvre femme! — Je descendis l'escalier avec un tremblement convulsif; ma tête heurta contre la tête de mon cheval.

Henriette dormait toujours.

XVIII.

LUPANAR.

— Où voulez-vous aller? demandai-je à mon autre pratique, quand je fus un peu remis de mon émotion. Henriette ne répondit rien; elle me regarda d'un air étonné, comme si elle n'eût pas encore songé qu'elle devait aller quelque part; la malheureuse! en effet, elle était sans asile ; naguère, avant d'entrer à l'hôpital, elle avait encore une charmante petite maison, si coquette, si riante, si élégamment vicieuse, qu'on lui pardonnait son vice. Dans cette maison tout à elle, elle était reine; elle avait, pour parer et doubler sa beauté, la dentelle et le velours, l'or et la soie; son pied se posait à peine sur les tapis chargés de fleurs. Elle se souriait à elle-même dans des glaces brillantes; son œil se reposait nonchalamment sur les chefs-d'œuvre du siècle passé : les amours qui voltigent, les bergers qui soupirent, les bergères qui étalent sur le fin gazon leur petite jambe effilée. Les meubles les plus rares paraient cette demeure somptueuse : les vieux bronzes, les marbres polis par le temps, les pendules qui chantent et qui marquent à coup sûr l'heure d'aimer; mille parfums invisibles circulaient entre ces murailles profanes, comme circule le sang dans le corps; l'écho rieur et discret murmurait tout bas de tendres paroles; dans les corniches, s'entendait, en prêtant bien l'oreille, le bruit des baisers. Dans cette maison, le monde entier avait envoyé ses dépouilles opimes : la Chine, ses vieux laques licencieux et grimaçants; l'Angleterre, son argenterie tourmentée et bizarre; Sèvres, ses nobles porcelaines plus précieuses que l'or; les vieux châteaux royaux, leurs mille fantaisies sans nom, mais non pas sans grâce. Des serviteurs peu nombreux, mais bien dressés, s'empressaient autour de l'idole; elle avait, pour garder sa porte, une vieille femme, tour à tour et selon le besoin, duègne sévère, engageante matrone; elle avait, pour monter derrière sa voiture, un beau paysan de Vanves, qui s'était corrompu comme elle et qui portait la même livrée; elle avait, pour la flatter le matin et le soir, pour lui prêter sa gaieté, sa science et sa piquante effronterie, une jolie fille de seize ans, soubrette pleine d'avenir et qui bientôt allait faire du vice pour son propre compte. Sa cuisine était brûlante, son salon était calme et frais, sa chambre à coucher était entourée de jasmins et de roses, son alcôve était muette, sa porte discrète, sa fenêtre curieuse. Là, sa beauté était dans toute sa puissance, dans tout son éclat; elle avait tout l'attirail nécessaire à cette exploitation; elle ne pouvait pas être, c'était impossible, plus parée, plus fêtée, plus ménagée, plus flattée, plus reposée; elle ne pouvait pas désirer ni un bain plus tiède, ni un lit plus doux, ni un vin plus généreux, ni une table mieux servie, ni une obscurité plus habile. Ainsi entourée, ainsi logée, ainsi exploitée, la plus médiocre beauté eût été belle encore; jugez de la beauté d'Henriette! Chacune de ses heures sonnait une fête, une trahison ou un plaisir. Chaque matin, à son réveil, Rose, sa soubrette, lui apportait, fraîchement imprimées, cent mille calomnies toutes neuves sur tout ce qui était la beauté, l'esprit, la jeunesse, la vertu. En lisant ces calomnies et ces injures, Henriette se consolait d'être séparée de ce monde auquel elle rendait mépris pour mépris; venaient ensuite les journaux de modes, le journal des théâtres et les billets doux, et elle choisissait à la hâte son chapeau, son spectacle et son amant de la journée. Midi sonne, les chevaux sont à la voiture chargée d'armoiries mensongères; c'est l'heure de la rue Vivienne et des lentes promenades si chères à une jolie femme, quand, s'arrêtant à chaque magasin nouveau et recueillant les murmures flatteurs des jeunes ouvrières qui l'encombrent, elle hésite entre mille nouveautés du matin, essaie une étoffe, puis une autre, ajoute ou retranche une fleur à son chapeau, compose sa parure d'une simple gaze ou d'une riche dentelle, et, après quatre heures de ce doux travail, remonte dans sa voiture pour se parer le soir de ces étincelantes frivolités.

Le soir venu, l'Opéra l'appelait ou bien le Théâtre-

Italien; le luxe des arts et leurs chefs-d'œuvre, fêtes royales de chaque jour; et pendant que la foule des honnêtes gens attendait patiemment à la porte du théâtre, sous la pluie, et les pieds dans la boue et souvent à jeun (car c'est là une admirable passion, la musique), que son tour fût venu d'acheter, au prix de trois jours de travail, une place obscure et rétrécie dans le coin le plus incommode de la salle, elle arrivait, elle la favorite des riches, au grand galop de ses chevaux, et elle descendait resplendissante de pierreries; elle avait pour lui donner la main, pour être son chevalier d'honneur, quelque homme grave et bien posé dans le monde, un conseiller d'État, un président de cour royale, un pair de France, ou tout au moins quelque vieux soldat de l'Empereur, héroïque fragment d'une victoire, qui, pour donner la main à cette fille, avait mis son plus grand cordon bleu ou rouge; derrière elle, et tout prêt à se faire tuer pour lui épargner une insulte, marchaient, heureux et fiers de la suivre, les plus beaux et les plus jeunes, lui servant ainsi de gardes du corps. Elle entrait dans sa loge avec fracas, interrompant sans pitié madame Pasta ou madame Malibran, qui chantait; elle se penchait dans la salle, afin que le

parterre la pût admirer tout à l'aise, et pour s'assurer elle-même que nulle femme n'était plus belle qu'elle-même; son regard était insolent, son sourire était une insulte. Elle prodiguait tout haut aux plus honnêtes femmes les plus amères railleries, railleries d'autant plus cruelles qu'elles étaient accueillies par le brûlant suffrage de quatre ou cinq épées toutes prêtes à tout soutenir. Au plus fort de l'hiver on lui apportait des roses en pleine loge, et elle choisissait parmi ces roses les plus fraîches, jetant les autres à ses pieds. A la vue de cette femme si insolente et si belle, les vieillards oubliaient leur sagesse, les nouveaux mariés oubliaient leur jeune épouse; les femmes sans reproche, voyant le vice triomphant et plus entouré que la vertu, se demandaient avec inquiétude si elles n'étaient pas les dupes de leur propre retenue. Garcia lui-même oubliait de chanter, à la vue d'une femme plus belle que la Desdémona, ce beau marbre inspiré.
— Elle, cependant, habituée à ces triomphes, recevait dans sa loge tous les hommages : les beaux esprits, les militaires, les savants, les poëtes, les jeunes écoliers échappés à leur maître, tout lui était bon, pourvu que la foule qui l'entourait fût illustre. Puis, au moment où la foule était le plus empressée, elle

se levait, toujours aussi dédaigneuse et aussi insolente ; elle sortait comme elle était entrée, avant la fin de l'air commencé ; elle avait l'air de dire au comédien qui chantait : — *Je te rends ton auditoire ;* — aux plus belles dames de la salle : — *Mesdames, reprenez vos amants et vos maris ; je n'en veux plus.* Et qu'importe ? si elle l'eût voulu, chaque soir elle eût trouvé, au bas de l'escalier, un nouveau Raleigh pour étendre son manteau sous ses pieds.

Mais, arrivée au comble de sa beauté et de son insolence, la malheureuse fille ne sentit pas que la tête lui tournait. Comme rien ne la pouvait guider, ni son esprit ni son cœur, elle se trouva tout d'un coup égarée sans retour. Elle se jeta à plaisir, et avec une profusion insensée et à corps perdu, dans tous les excès de la vie sans frein et sans règle. C'est là d'ailleurs une des infinies prévoyances de Dieu, que la modération dans le vice soit impossible ; et voilà pourquoi le vice, comme la gloire, est chose passagère et périssable. Ainsi, la malheureuse, elle aussi, après ses triomphes, elle eut son Waterloo et son île Sainte-Hélène sur les hauteurs de la rue Saint-Jacques. Oh! les malheureuses! il leur faut si peu de chose pour être vaincues! une ride légère, une dent qui se noircit, quelques cheveux qui tombent, cette raison du maître qui leur dit, comme dans Juvénal : — *Ton nez me déplaît*: *displicuit nasus tuus!* Donc un jour, un jour d'hiver, par le froid, par la boue, par la neige, un matin qu'elle n'avait pas encore déjeuné, malade, jaune, horriblement pâlie, elle fut chassée à pied, à demi vêtue, de cette maison qui, la veille encore, était à elle; son laquais

lui dit : — *Va-t'en!* La vieille portière si dévouée lui ouvrit à peine, et en souriant avec mépris, le battant de la porte; Rose, sa femme de chambre qu'elle aimait tant, qui lui réchauffait les pieds dans son sein, à qui elle donnait si généreusement ses bijoux, ses robes, ses dentelles et ses amants de la veille, Rose prit sa place dans ce paradis profane, et elle ne lui jeta même pas, par pitié, la dernière paire de gants qu'elle avait volée à sa maîtresse. Un seul mot du maître avait suffi pour tout briser autour de cette femme, les glaces, les porcelaines, les diamants, l'amour des hommes et le courroux des femmes, pour anéantir cette puissance du haut en bas : trop heureuse encore que, dans les boues de la rue, la police l'eût accueillie et lui eût ouvert les portes de l'hôpital.

Mais à présent qu'elle est chassée, même de l'hôpital, à présent qu'elle a perdu sa dernière protectrice, l'horrible maladie qui l'avait protégée, à présent où ira cette fille? Quelle maison voudra la recevoir, si pâle, si pauvre, si faible, si mal vêtue? A quel seuil inhospitalier ira-t-elle demander un lit et du pain? Et elle repassait dans sa mémoire toute sa vie brillante, pour savoir où elle irait. Moi, j'attendais patiemment qu'elle eût pris son parti; ce combat d'un nouveau genre m'intéressait; j'étais bien aise d'apprendre où donc pouvait se rendre une malheureuse qui sortait de l'hôtel infamant *des Capucins*.

Poussée à bout et vaincue par tant de misères, la malheureuse cherchait en vain à se rappeler les hommes qui jadis l'entouraient de leurs protestations, de leurs hommages, de leur amour. Les vieillards qui l'appelaient leur fille, les jeunes gens qui voulaient mourir pour elle, que sont-ils devenus? Elle avait oublié même leurs noms; à coup sûr, ils avaient oublié sa figure! Si au moins elle avait eu en ce moment l'argent qu'elle avait dépensé rien qu'en essences, elle eût acheté à Vanves vingt arpents de terre. Aucun espoir ne lui restait. Depuis un an qu'elle était séparée du monde, s'était élevée une autre génération de vieillards et de jeunes gens pour aimer les femmes et pour les perdre; comme aussi s'était élevée une génération de jeunes femmes pour se faire aimer et pour se perdre tout comme Henriette s'était perdue. Elle n'était donc plus à la hauteur du vice magnifique, elle n'était plus bonne que pour le vice misérable. Tombée du salon, elle n'avait plus de refuge que la borne. Ainsi elle comprenait, confusément mais avec peur, dans quelle route plus horrible encore elle allait entrer; la prostitution n'était plus pour elle qu'une question de faim et de pauvreté. Elle en vint alors à se rappeler certains conseils, certains renseignements mystérieux que ses compagnes lui avaient donnés pendant qu'elle était à l'hôpital. C'est surtout dans les ladreries de ce siècle que les agents de la corruption recrutent leurs tristes victimes : l'hôpital, digne antichambre d'un pareil boudoir! A force de mémoire, Henriette en vint donc à se rappeler le nom d'une protectrice inconnue à laquelle on l'avait adressée, un asile qu'on lui avait recommandé avec chaleur ; elle ne retrouva, après bien des efforts, que le nom de cette femme, mais non pas son adresse, tant c'était là une fille imprévoyante et comptant sur sa fortune. Donc elle me dit, après un grand quart d'heure de réflexion : — Savez-vous où demeure madame de Saint-Phar? On m'a dit qu'elle me traiterait comme son enfant, et qu'elle aurait toujours pour moi un lit, une robe et une place à sa table. Menez-moi chez madame de Saint-Phar.

Je vous ai dit, et vous l'avez déjà vu, que je suis un honnête garçon ; je ne savais pas même le nom de madame de Saint-Phar; c'est pourtant un nom populaire parmi les étudiants, les militaires et les commis-voyageurs. Encore moins savais-je l'adresse de la dame. Cependant je me dirigeais naturellement vers le quartier le plus riche et le plus corrompu de la ville, quand, au milieu de la route, je rencontrai, heureusement,

quelques militaires en goguette, de beaux soldats de la garde royale, donnant le bras à des filles de trois pieds, d'une horrible figure, et aussi fiers que s'ils avaient conquis des princesses italiennes. — Messieurs, criai-je aux soldats, seriez-vous assez bons pour me dire où demeure madame de Saint-Phar? La question flatta mes vaniteux soldats, mais elle les embarrassa; plus heureux que moi, ils connaissaient fort bien le nom de cette dame et sa profession décevante; plus d'une fois, dans leurs belles nuits de corps-de-garde, ils avaient entendu messieurs leurs sous-officiers parler entre eux de ces demeures comme on parle chez les vrais croyants du paradis de Mahomet; mais m'indiquer au juste la maison que je cherchais, cela leur était impossible. Suspendues à leurs bras, et toutes mortifiées de n'être pas plus savantes, leurs aimables compagnes restaient immobiles. A la fin, relevant sa moustache :
— Si Agathe ne peut pas vous donner l'adresse de madame de Saint-Phar, me criait un caporal, il faudra que vous alliez la demander à mon lieutenant, qui pourrait y aller les yeux fermés.

Cependant Agathe, qui était à quelques pas plus loin, arrivait lentement, majestueusement, comme une femme qui s'encanaille et qui a des gants. Je la saluai profondément : — Pourriez-vous m'indiquer la demeure de madame de Saint-Phar, Mademoiselle, si tant est, comme l'assure le caporal, que vous la connaissiez? — Si je connais la Saint-Phar! reprit mademoiselle Agathe; Dieu merci, on est faite pour la connaître, et si je voulais bien, je la connaîtrais mieux encore! Disant ces mots d'un ton dédaigneux, elle relevait fièrement la tête, et le corps, et le bas de sa robe qui commençait à être raisonnablement fangeux. — Ainsi, Mademoiselle, vous aurez la bonté de m'indiquer cette maison? — Pour qui me prenez-vous? reprit mademoiselle Agathe les yeux en feu. — Allons, allons, Agathe, sois bonne fille, ajouta le caporal, ne te fais pas prier pour rendre service à un honnête jeune homme; que diable! il faut bien que tu lui montres que nous connaissons de la bonne société, quelque chose d'élevé, et non pas seulement de petites filles sans consistance qui n'ont pas quitté le faubourg Antoine. Les pauvres filles se mordirent les lèvres, mademoiselle Agathe composa un gracieux sourire, et de son index, dont l'ongle long et noir s'était fait jour à travers le gant de chamois : — Vous irez tout droit devant vous, me dit-elle; au bout de l'allée vous tournerez à droite jusqu'au Palais-

Royal; la troisième rue à gauche vous serez à la porte de la Saint-Phar. En écoutant cet itinéraire galant, le caporal était fier de sa compagne, les soldats étaient fiers de leur caporal, moi-même j'étais fier d'avoir trouvé et tout d'abord une demeure qui n'était pas certainement dans l'*Almanach Royal;* et voilà comment chacun entend l'orgueil à sa manière.

Cependant, tout en guidant mon cheval vers le but indiqué, j'examinais Henriette et je cherchais à m'expliquer son immobilité et son assurance.

Quoi donc! avait-elle pris si vite ce terrible parti? Quoi! pas un instant d'hésitation, pas un remords! Pourtant il était évident qu'elle allait entreprendre une terrible tâche, et qu'elle avait le pied levé pour descendre encore d'un pas dans le dernier abîme du vice! Selon moi, c'était là un horrible secours. A la voir si tranquille et si calme, on eût dit qu'elle accomplissait un facile devoir. Pour moi, qui par la force des choses la conduisais dans cette route fatale, moi, instrument aveugle dont elle se servait pour accomplir sa destinée, moi qui l'avais vue si innocente et si libre et si heureuse, hélas! je sentais le frisson me venir en songeant que j'allais être le témoin de la dernière transaction que puisse faire une femme, le témoin de cette vente incroyable, dans laquelle elle se livre au premier venu, pour une robe filandreuse et pour un morceau de pain. Quand nous arrivâmes dans la rue de la Saint-Phar, je reconnus tout d'abord la maison au calme et au silence qui l'entouraient ; c'était le calme de l'opprobre, c'était le silence de la honte ; on eût dit que les maisons voisines s'étaient reculées et qu'elles avaient voilé leur face pour ne pas être souillées du contact de celle-là. L'affreuse chose, qu'il n'y ait pas une seule ville au monde affranchie de cet impôt du vice et du crime ! On reconnaissait encore cette maison à sa porte mystérieusement entr'ouverte, aux regards curieux et obliques des passants, à ses carreaux brisés, à ses murs recouverts des adresses du Mont-de-Piété et des guérisseurs de maladies secrètes, comme si la ruine et la douleur étaient les dignes prospectus de ces maisons venimeuses ! J'arrêtai fièrement mon cabriolet à cette porte, où nulle voiture ne s'arrêtait guère d'ordinaire, pas même le corbillard. Henriette descendit en s'appuyant sur mon épaule ; déjà elle était plus légère : elle se sentait sur son terrain. Nous entrâmes dans la maison, elle et moi ; naturellement je cédai le pas à Henriette. L'escalier était sombre et sale ; une vieille femme qui portait le deuil, je ne sais de quoi, nous reçut au haut de la porte; sans nous rien dire, elle nous introduisit dans un appartement bien meublé,

mais sans recherche. Quoiqu'il fît grand jour, cette chambre était éclairée par une lampe, dont le douteux reflet livrait un triste et languissant combat à un rayon de soleil égaré là, pâle et pluvieux, qui pénétrait à travers un trou pratiqué tout au haut des volets : ainsi l'exigeait le préfet de police; si bien que chacun pouvait entrer librement dans cette maison, le bourreau, le repris de justice, l'assassin, l'espion lui-même, tout, excepté le soleil; c'était là ce que le magistrat avait trouvé de mieux pour le maintien et la défense des bonnes mœurs! Autour d'une table de ce petit salon, étaient assises trois femmes d'une honnête apparence;

elles discutaient sur un livre en partie double, balançant avec soin les profits et les pertes. C'étaient, en effet, les trois associées de cette entreprise commerciale, deux mères de famille qui se partageaient les dividendes de cette affaire avec beaucoup de conscience et de scrupule; la femme qui tenait le haut bout de la table, et qui paraissait présider à cet apurement de comptes, avait apporté, dans cette société en commandite, la popularité de son nom, la bonne renommée de sa maison et sa vieille expérience dans ce genre de transactions; ce fut elle qui la première adressa la parole à Henriette; pour moi, retiré dans un coin, je ne perdais pas un mot de la conversation.

— Vous voulez être des nôtres? lui demanda cette femme, d'un ton de voix très-simple et comme le ferait une bonne bourgeoise qui engage une nouvelle domestique, pendant que ses acolytes considéraient la néophyte avec une scrupuleuse attention.

— Oui, Madame, répondit Henriette d'un ton plein de respect. Elle se tut. En même temps on examinait sa taille, sa main, son bras, ses jambes, sa gorge, ses cheveux, toute sa personne, et cette tête souffrante et amaigrie.

— C'est une assez belle personne, dit la plus jeune des femmes, on peut en faire quelque chose; mais il en faudra prendre beaucoup de soin : d'abord elle est trop maigre et trop pâle, et ensuite toute nue, les cheveux mal en ordre, des doigts allongés horriblement; évidemment elle sort d'un hôpital, et, s'il en était besoin, je lui dirais bien de quel hôpital.

— Peu importe, reprit la femme qui était à droite; vous savez bien, ma chère amie, que les plus honnêtes filles peuvent y aller, et il faut espérer que cette leçon lui profitera; puis, s'adressant à la postulante : — Il me semble, ma belle amie, que je ne vous ai vue encore nulle part?

— En effet, Madame, nulle part.

— Tant pis cela, reprit la femme qui présidait l'assemblée; vous aurez contracté des idées de luxe et d'indépendance qui ne peuvent pas cadrer avec la tranquillité de cette maison. Il nous faut, Mademoiselle, si vous voulez être longtemps des nôtres, une soumission profonde, une obéissance sans bornes; vous ne serez ni gourmande, ni bruyante, ni malade; vous aurez grand soin de vos robes, de vos bonnets et de vos chapeaux; vous irez demander vous-même à monsieur le commissaire de police la permission de faire sagement votre métier, et vous vous soumettrez à toutes les lois exceptionnelles qui régissent la matière; vous ne boirez du vin qu'une fois par semaine, et vous n'irez au spectacle qu'une fois par mois. A ce prix-là, nous ne demandons pas mieux que de vous encourager. Mais cependant, Mesdames, si nous la prenons, que faut-il en faire, et quel est votre avis?

— Mon avis est, dit la première, qu'on en fasse une grisette : d'abord nous manquons de grisettes, et ensuite rien ne prend un grand seigneur ou un homme ennuyé qui passe, comme le bas blanc bien tiré sur une jambe faite au tour, le tablier noir, facile à remplacer ; et ajoutez que c'est un costume peu dispendieux pour la maison.

— Pour moi, dit l'autre, je trouve que rien n'est usé comme la grisette; on en rencontre dans tous les magasins, dans tous les vaudevilles et dans tous les romans de mœurs ; il y a beaucoup d'hommes qui ne sont pas assez grands seigneurs et assez vieux pour attaquer ouvertement un bonnet rond et un tablier noir. Parlez-moi d'une bourgeoise ! La bourgeoise est du domaine général. Elle ne compromet personne. On peut la suivre, on peut lui donner le bras sans rougir. D'ailleurs, une bourgeoise est bien vite improvisée; la robe de soie, le soulier de peau de chèvre, le chapeau de velours, le châle Ternaux, les gants de couleur, une forte odeur de musc et d'ambre, l'air décent; certes, voilà de quoi tourner toutes les têtes des étudiants et des marchands en détail.

— A la bonne heure ! reprit sa compagne ; mais ces marchands sont avares, ces étudiants sont tapageurs, et d'ailleurs cette fille-ci est trop jeune pour être une bourgeoise; ce sera bon dans cinq ou six mois d'ici;

j'aimerais mieux, quant à présent, l'habiller comme une femme de la cour : le cou nu, la gorge nue, une flamboyante robe de satin jaune, des bas à jour, les oreilles chargées de fausses perles, des marabouts dans les cheveux, et notre respectable Félicité à ses côtés, pour lui servir de mère, le soir.

— Je suis lasse, reprit la Saint-Phar qui écoutait, je suis lasse de toutes ces princesses; elles nous ruinent en gazes et en dorures et en jujubes; rien n'est pénible comme de voir ces belles robes de satin nous revenir couvertes de boue; je n'en veux plus, et, si j'étais mademoiselle, j'aimerais mieux une jolie robe de paysanne, les bras nus, la croix d'or attachée à un virginal velours noir, une blanche fleur à la main, les cheveux retroussés en chignon, le chapeau de paille sur le côté de la tête; certes, cette nonchalance villageoise lui siérait très-bien !

A ces mots, qui me rappelaient (ô mes chers et chastes souvenirs, que veniez-vous faire en ce lieu?) la plaine de Vanves, je m'élançai de mon siége, je résolus de faire une dernière tentative pour arracher la malheureuse à ce repaire. — Oui, oui, m'écriai-je, oui, pauvre fille, il en est temps encore, reprends ta robe de bure, couvre ton cou d'un simple mouchoir d'indienne, remets sur ta tête le modeste chapeau de paille brûlé du soleil; allons, sois encore la jeune, jolie et riante paysanne parée des fraîches couleurs de la santé; viens, retournons à Vanves; viens, viens, fuyons! je t'aime, et je te sauve si tu veux!

Les trois femmes, m'entendant parler ainsi, se regardèrent avec grande inquiétude. Cette proie était trop belle pour qu'elle pût leur échapper. — Nous ne forçons pas mademoiselle, me dit la Saint-Phar; si elle veut avoir une robe de velours, un collier d'or, un mouchoir brodé et des bas à jour, elle les aura, et dès ce soir. ..... Tout était dit!

XIX.

SYLVIO.

Je suis lié de l'amitié la plus tendre avec un jeune homme, plus jeune que moi, nommé Sylvio, aimable et franc garçon, une belle nature, forte, décente, svelte, et dans le cœur, de la passion pour toute une composition dramatique. Une femme à soi: tel était le grand rêve de cet imprudent et inhabile Sylvio; il regardait les femmes comme des êtres bien au-dessus de l'espèce humaine, il respirait à peine en leur présence ; mais cependant son admiration muette, ses hommages silencieux ne lui avaient guère profité : jeune et beau, riche et brave, portant légèrement un grand nom qu'il parait encore, à peine s'il avait pu s'attirer de ces beaux êtres tant rêvés, quelques regards indifférents et dédaigneux. Au reste, c'était la faute du beau jeune homme : pourquoi donc être si modeste ? Tout entières à se contempler, les femmes ne devinent pas un homme, c'est tout au plus si elles le comprennent, encore faut-il qu'il s'étale lui-même au grand jour. Voilà ce que le jeune Sylvio n'osait pas faire ; j'avais tenté, mais en vain, de le sauver de cette exaltation dangereuse ; il recevait en souriant mes plus sages conseils. Je ne sais comment il avait deviné que j'étais possédé d'un triste amour, mais il le savait, et il me raillait souvent sur mes sentiments mystérieux ; il comptait tous mes soupirs, il expliquait mes paroles entrecoupées, mes distractions fébriles, et il me jetait un regard de pitié qui plus d'une fois me fit frémir, en songeant qu'il avait tout mon secret, c'est-à-dire qu'il savait toute ma misère ! — C'était le lendemain de ma fatale aventure ; j'étais bien triste ; je me disais que moi tout entier, moi et mon amour et ma jeunesse, j'avais été sacrifié à une robe de velours, à ce velours prostitué et fangeux! Misérable femme! oui, certes, trois fois misérable! — Sylvio entra dans ma chambre, suivi de cette belle humeur qui ne l'abandonnait jamais, non pas même au plus fort de ses passions. Il s'était figuré la veille, dans un bal, qu'une femme de quarante ans à peine, épaisse et grosse commère dont il aurait pu être le fils, lui avait peut-être serré la main! Il en était tout fier, et tout fier, il venait me raconter son admirable fortune.

— Diable, elle t'a serré la main! Te voilà bien avancé, lui dis-je en soupirant.

— Bien avancé, me dit-il; le cœur se prend par la main aussi bien que par les lèvres; mais toi, monsieur le dédaigneux, j'imagine que tu serais heureux si tu l'étais seulement autant que moi.

— Je t'assure, mon pauvre Sylvio, que du côté de mes amours je suis beaucoup plus avancé que je ne le voudrais, et que toi-même tu sauterais de joie si tu savais combien tu l'es aussi sans t'en douter.

Sylvio ouvrait de grands yeux; sa jeune et pétulante imagination bâtissait déjà tout un roman d'amour, bien compliqué, sur une parole jetée en l'air.

En même temps je jouais avec ma bourse, et machinalement, je la versai sur le marbre de la toilette, séparant l'or de l'argent, et l'argent de la petite monnaie; Sylvio rêvait toujours.

Je le tirai brusquement de sa rêverie : — Sais-tu bien au juste quel est le prix vénal de la femme que j'aime et pour qui je meurs, Sylvio, toi qui aimes tant les femmes? m'écriai-je en éparpillant mon argent sur le marbre.

Je n'eus pas de réponse de Sylvio.

— Sais-tu bien, repris-je, ce que vaut une femme? je veux dire une charmante et idéale créature, telle que tu n'en as pas même rêvée dans tes songes, une jeune fille rose et fraîche et blanche, vingt ans à peine, doucement épanouie sous ses beaux cheveux, comme une rose aux cent feuilles; une femme que j'ai vue, il n'y a pas un an, courant au soleil dans la plaine de Vanves et ne s'inquiétant que de son âne et de son chapeau de paille? Sais-tu à quoi elle s'est estimée, cette heureuse villageoise qui eût fait honneur à un grand d'Espagne, une belle fille que j'adorai à son premier regard? Sais-tu avec combien d'argent, toi, moi, lui, tout le monde, nous pouvons arriver jusqu'à elle, le sais-tu?

Le jeune homme m'écoutait en tremblant : — Celle

que tu aimes! celle à qui tu penses! celle que tu poursuis la nuit et le jour! celle pour qui tu négliges tes fleurs, tes amis, tes poëtes!... combien vaut-elle?

Je pris une pièce d'or : — Pour toi, mon bon Sylvio, toi qui es jeune, beau et timide, voilà ce qu'elle s'estimerait sans doute, en riant de ta simplicité.

Je pris ensuite la moitié de la même pièce en argent : — Pour le vulgaire, pour l'homme qui passe, pour le premier venu qui n'est pas trop pressé dans sa route, voilà le prix.

— Vienne un soldat pris de vin ou quelque vieillard obstiné et avare, voilà tout ce qu'elle lui coûtera; et je poussai du doigt une pièce de cinq francs, à l'effigie de S. M. Louis XVIII; puis j'eus honte de moi-même et je retombai dans mon accablement.

Il se fit un moment de silence. Était-ce un reproche ou une plainte de la part de Sylvio?

A la fin il se leva, vint à moi, et prit une pièce d'or : — Je veux en avoir le cœur net, me dit-il; où est-elle? je vais l'acheter.

— Toi, Sylvio?

— Moi-même! Que t'importe d'ailleurs qui l'achète, puisque chacun a le droit d'être ton rival? Insensé! tout à l'heure il se moquait de ma passion vagabonde, et le voilà aujourd'hui brisé sous la honte qu'il n'a pas faite ! Toute la terre peut posséder sa maîtresse, excepté lui, et il va mourir de rage sur le seuil de cette porte ! Encore s'il n'avait pas d'argent dans sa bourse ! mais, à cette heure, il a de quoi payer vingt fois celle qu'il aime ! Il tient là cette femme vénale sur ce marbre ; il peut acheter, s'il le veut, trois mois de la vie de cette femme, et à la fin du bail le renouveler encore pour trois mois ou pour une heure, et mon lâche se lamente sans parler, sans agir ! C'est bien le cas de dire comme Yago : *Mettez de l'or dans votre bourse, seigneur Roderigo!* Mais cependant, moi, moi, Sylvio l'innocent, Sylvio la demoiselle, nous allons voir ta maîtresse, et pour que tu fasses bien les choses jusqu'à la fin, nous prendrons tes pièces d'or, car c'est seulement en empruntant ta bourse que nous commettrons un adultère. O pauvre homme ! pauvre patient ! Allons, réveille-toi; allons, je ne veux pas te faire outrage, je veux avoir cette belle pour mon argent! Je veux voir, me dit-il d'un ton plus radouci, je veux voir à quelle passion tu t'es livré, je veux pouvoir te dire ce qu'il y a de bonheur et de repos dans les bras de cette femme; si toi seul tu n'oses pas l'acheter, je veux l'acheter pour toi; après quoi, je reviendrai te dire si elle vaut tous ces regrets.

si elle vaut une seule de ces larmes, ou bien si elle ne vaut tout au plus que cette pièce d'argent. Ainsi donc, je la vais acheter à moi tout seul, à moins que tu ne veuilles être présent à la vente, ajouta-t-il.

— Certainement que je serai présent, Sylvio; nous irons ensemble; partons. Et je pris mon argent, tout mon argent, et je sortis consterné, comme doit l'être l'incendiaire ou l'assassin que pousse le crime hors de sa maison.

Cependant nous allions à la demeure d'Henriette; mais à mesure que j'approchais : — Sylvio! m'écriai-je, il est impossible qu'elle reste dans cet horrible repaire; il est impossible, Sylvio, que je la laisse en vente plus longtemps, exposée à tous les acheteurs; j'en mourrais ou j'en deviendrais fou, Sylvio! Allons donc, si tu m'en crois, nous l'achèterons en gros, pour l'empêcher de se vendre en détail.

— C'est une marchandise avariée, répondait Sylvio, s'arrêtant à toutes les femmes qu'il rencontrait.

Nous étions au commencement de la rue, et déjà nous distinguions la maison, quand nous aperçûmes à la porte fatale, une foule ameutée et toujours croissante. Un détachement de soldats entourait déjà ce repaire, et le commissaire de police, en écharpe, y pénétrait d'un pas solennel. Sylvio connaissait l'honnête magistrat, qui nous permit de pénétrer dans ce lieu funeste. Tout y était en désordre ; les habitantes de l'endroit, pâles et échevelées, étaient assises sur leur grabat et s'entre-regardaient d'un air hébété ; leurs tristes compagnons de débauche, tout honteux d'être surpris par la foule, dans un si triste appareil, se cachaient le visage ; — hypocrites, qui tenaient à leur bonne réputation, et qui voulaient réunir les immondices du vice aux honneurs de la vertu ! Dans la rue se tenait une multitude impatiente d'apprendre le crime et de voir le criminel. Il s'agissait d'un meurtre qui avait été commis durant la nuit ; on en disait déjà des détails horribles, tout le monde frémissait ; moi seul j'eus une espèce de joie infernale en apprenant le nom de la coupable. Oui, c'était elle, c'était bien elle, elle-même qui venait de laver sa faute avec du sang! Soyez loué, mon Dieu! qui l'avez sauvée par un crime! A la fin donc, elle échappait au public, elle n'appartenait plus qu'au bourreau ; à la fin donc, ce monde auquel elle s'était prostituée, n'avait plus sur cette femme que des droits légitimes : il ne pouvait plus lui demander que sa tête, non son corps! Elle ne sera plus étalée sur la borne à présent, elle ne sera plus exposée que sur l'échafaud! maintenant il n'y aura que la justice des hommes qui pourra l'atteindre, elle est à l'abri de leurs sales passions. Ainsi, je triomphais enfin de cette femme! Je montai dans sa chambre avec le commissaire de police ; à peine sur les confins sanglants de cette alcôve immonde, nous fûmes presque repoussés par l'odeur d'un parfum infect ; le désordre était complet : des robes traînantes, des fichus troués, de vieilles chaussures, un jupon sale ; de la boue, de la graisse, mêlées à la lie du vin ; affreux pêle-mêle de toutes sortes de vestiges ternis d'une opulence plus qu'équivoque ; enfin, derrière les rideaux, un cadavre et du sang encore chaud. Elle avait tué cet homme après l'avoir provoqué, et elle l'avait jeté hors de ce lit banal, sans trop savoir pourquoi, tout comme elle l'y avait fait entrer ! Quand nous pénétrâmes dans son antre, la fille de joie était déjà redevenue une femme vulgaire, grâce à son crime ; elle était chastement couverte d'un peignoir, ses beaux cheveux flottaient épars sur ses blanches épaules ; on n'eût jamais dit, à la voir si calme et si tranquille, que c'était là une prostituée, et une prostituée qui venait de commettre un meurtre. D'ailleurs, elle savait si bien à l'avance qu'elle appartenait au commissaire de police, corps et âme, que le commissaire de police était sa loi vivante et sans appel! Aussi était-elle déjà prête à suivre qui la venait prendre. Déjà elle composait sa triste garde-robe de fille prisonnière : de vieux chiffons brodés, un peigne édenté, une brosse, un morceau de savon, de la pommade, un pot de fard et autres ingrédients d'une toilette de dernier ordre. Sur ces entrefaites, un agent subalterne arriva, elle tendit ses deux petites mains aux menottes, qui se trouvèrent beaucoup trop larges; on eût dit, à sa grâce enfantine, qu'elle essayait des bracelets nouveaux; le fer rougit son bras, mais sa main n'en était que plus blanche; quand tout fut prêt, elle traversa la foule, monta dans un fiacre, et s'éloigna lentement au milieu des huées et de l'exécration publiques.

— Réjouis-toi, dis-je à Sylvio, la voilà perdue!

— Combien vaut-elle à présent, dit Sylvio, pourrais-tu me le dire?

— A présent, tout l'or du monde ne l'aurait pas, et j'en rends grâce au ciel!

— Au moyen de ce crime elle est devenue plus inaccessible que la vertu la plus farouche. Les extrêmes se touchent, mon ami, dit Sylvio.

— Grille ou vertu, que m'importe? elle est sauvée; elle est rentrée dans la voie; maintenant je puis être libre de l'aimer, je puis être fier de mon amour, je puis l'avouer à la face des juges et du bourreau; elle n'est plus la maîtresse de vendre son corps, elle échappe à la prostitution, sa souveraine maîtresse. Ris donc, Sylvio, et moque-toi de moi! Je puis l'aimer à présent avec plus de sécurité que tu ne pourrais aimer ta jeune épouse vingt-quatre heures après la noce, Sylvio.

Et je me livrai ainsi à mon horrible joie tant qu'elle put aller.

XX.

LA COUR D'ASSISES.

Or, voici comment s'était improvisé ce meurtre, la seule action courageuse et juste de cette fille. Quand elle fut placée dans ce repaire, on lui enseigna en peu de mots sa nouvelle profession. — Être prête à toute heure de la nuit et du jour — attendre en souriant — courir après le vieillard qui passe — sourire à tous — ne refuser que l'homme qui n'a rien — se promener chaque soir d'une borne à une autre borne — sous la pluie — dans la boue — être exposée à toutes les insultes et à tous les désirs — assister ainsi à chaque minute à la triste et honteuse enchère de sa beauté. — Misère! — Être couverte de haillons et les porter fièrement, comme ferait une reine son manteau — n'avoir plus à soi ni son cœur — ni son corps, ni son cadavre, car tout à l'heure, peut-être, l'hôpital l'attend pour le disséquer — n'avoir plus en ce monde que l'espace fangeux qui sépare ces deux bornes, et ne pas aller au delà, jamais!

Circuler ainsi à travers toutes ces misères sans savoir où l'on va, ou plutôt, hélas! en se répétant à chaque pas — *Tu vas à la mort!* — Bien plus, bien plus, être surprise par l'ennui, même dans ces abjections, par ce même ennui qui s'attache aux puissants et aux riches; s'ennuyer, et cependant être si misérable! s'ennuyer, et cependant être plongée dans un si profond néant — s'ennuyer parmi toutes ces passions qui hurlent — savez-vous un plus triste remords? l'ennui!

La malheureuse en était à sa première soirée, et elle voulait payer sa bienvenue à l'honorable compagnie qui mettait sa beauté en coupe réglée. Elle voulait, puisqu'elle s'était mise à bail, que le fermier n'eût pas à se plaindre. Elle se disait, avant de faire le premier pas dans la rue, qu'elle n'aurait pas beaucoup à attendre son premier chaland. Le temps encore n'était pas loin où les plus vieux et les plus jeunes se précipitaient sur ses pas, rien que pour toucher sa robe, rien que pour obtenir un de ses regards! Quelle fête quand elle paraissait dans la grande allée des Tuileries! l'air était plus doux, le vieil arbre se balançait amoureusement et la saluait de sa tête chenue, l'oranger semait ses blanches fleurs sur ses pas; pour la voir, les promeneurs n'avaient qu'un regard; pour l'aimer, ils n'avaient qu'une âme! Elle entendait murmurer à ses oreilles toutes sortes d'adorations et de louanges, et pourtant à peine daignait-elle se montrer en passant à tout ce peuple : — Que sera-ce donc, se disait-elle, à présent que je suis là pour obéir au premier désir, pour subir le premier baiser, pour recevoir dans mes bras le premier venu, auquel j'appartiens? Que vont-ils faire, à présent qu'ils sont tous mes maîtres, tous mes amants, à présent qu'ils n'ont plus qu'à se baisser dans ma boue pour me prendre? Ainsi comptait-elle avec elle-même, ou plutôt avec sa beauté gaspillée et anéantie, la pauvre fille! Mais à peine entrée dans son domaine de fange, quel changement, ô ciel! Elle si admirée, si aimée, si adorée, quand elle était encore la maîtresse de choisir, à présent les plus honnêtes gens l'évitent; ceux qui par hasard ont touché sa robe de leur manteau, secouent leur manteau avec horreur; puis c'étaient des rires, des quolibets, des imprécations, des blasphèmes! on disait sur son chemin. — *Elle est laide !* tant le vice le plus aimable est horrible quand il est tombé là! Chargée de tous ces outrages, elle en croyait à peine ses yeux et ses oreilles; elle se demandait si elle n'était pas le triste jouet d'un rêve. Comment cela se faisait-il : elle s'offrait à tout le monde, et nul ne voulait d'elle? Ce fut à cet instant même, et quand elle allait peut-être devenir folle tout à fait, qu'un homme pris de vin lui ordonna de le suivre. Elle obéit sans regarder cet homme, comme c'était là sa consigne. Mais, ô surprise, ô douleur, ô vengeance! cet homme qui le premier profitait de sa prostitution, c'était le même homme qui avait profité le premier de son innocence! Elle l'avait retrouvé ainsi, aux deux extrémités de sa vie, ce vil libertin, vierge et fille de joie! Alors un éclair traversa ses yeux, une passion traversa son cœur, un remords parcourut son âme.

Quand donc la cause première de ses crimes, celui-là même qui l'avait arrachée à ses champs, celui qui l'avait rejetée corrompue au fond d'un hôpital, venait chercher encore, insouciant et crapuleux débauché, les ignobles plaisirs d'un amour facile, elle n'avait pu se contenir, — elle l'avait tué. Elle l'avait tué, parce qu'elle se souvint tout d'un coup de tant d'affronts et de toutes ces misères; parce que je ne sais quelle horrible lumière lui fit voir d'un coup d'œil sa destinée toute nue; parce qu'à cet homme se rattachaient ses derniers et amers souvenirs d'innocence; elle l'avait tué au milieu de son sommeil, tué d'un seul coup, comme par inspiration; après quoi, elle avait débar-

rassé son lit de ce vil fardeau, elle s'était endormie; car elle n'avait de colère que par intervalle, de la passion que par lueurs; tout était mort chez elle, cœur, âme, intelligence, esprit, vertu, passion. Aussi quand elle parut devant ses juges, en avouant son crime, sa cause fut-elle désespérée tout d'abord. La défense de cette malheureuse créature avait été confiée à un jeune avocat en herbe, le propre neveu de M. le procureur du roi; c'était une tête de vingt ans, avec laquelle le jeune orateur allait faire son apprentissage. Que vouliez-vous que cet enfant en robe et en bonnet carré pût comprendre à la vie de cette pauvre créature? Je pense même que cette femme lui faisait peur, et que dans sa prison il n'était guère à l'aise quand il était seul avec elle. Ce jeune stagiaire, que son oncle avait gratifié d'un meurtre à défendre, pour commencer, défendit cette fille d'après toutes les règles qu'il avait apprises dans les rhétoriques. Il avait écrit son exorde d'après le *quousque tandem*; il avait évoqué dans sa péroraison tout ce qu'il pouvait évoquer de plus lamentable; il avait été pathétique à la façon des plus grands orateurs d'autrefois; son bon oncle, dans sa réplique, avait rendu justice *au jeune orateur*; mais, dans cette joute de l'oncle et du neveu, la vie de cette jeune femme ne comptait pour rien; c'était tout au plus une question de politesse, ou tout au moins une question de vanité.

Bien plus, dans le fond de son esprit, l'oncle, qui était un bon homme, n'aurait pas été fâché de faire cadeau de cette tête à son neveu, et de laisser vivre cette femme pour encourager l'éloquence naissante du jeune Cicéron; mais quoi! les faits étaient prouvés, et l'accusée elle-même, de la plus douce voix, disait :

— *J'ai tué cet homme!*

Oh! malheur sur moi! A présent que je me rappelle toutes ces affreuses circonstances, moi, je puis dire à coup sûr : *J'ai tué cette femme!* Moi, en effet, moi seul, je pouvais la défendre, moi seul je savais sa vie, moi seul je pouvais dire par quelle pente fatale, inévitable, la malheureuse créature était arrivée sur ces infâmes bancs des assises; moi seul je savais ce qui l'avait perdue, le voisinage de Paris, qui envoie dans les villages qui l'entourent ses fumiers et ses vices de chaque jour; Paris, corrupteur de toutes les innocences, qui fane toutes les roses, qui flétrit toutes les beautés; insatiable débauché! si redoutable à ce qui est pur et sans tache. Moi seul, si j'avais, en effet, raconté au tribunal, et comme je la savais, la vie de cette fille, ses alternatives cruelles de misère et d'opulence, de flatterie et d'abandon, si je l'avais montrée, aujourd'hui couverte de baisers, le lendemain couverte de boue; si j'avais crié aux hommes qui la jugeaient : Voilà l'ouvrage de vos jeunes fils et de vos vieux pères! la voilà cette fille telle que l'a faite la corruption parisienne! oui; et si j'avais ajouté : O juges! cette fille souillée et perdue, je l'aime! A mes yeux, ce sang la lave; en tuant cet homme, à peine s'est-elle fait justice, car elle n'a fait de cet homme qu'un cadavre; mais cet homme avait fait d'elle une prostituée! Voilà ce que j'aurais pu dire, voilà ce que j'aurais dû dire; mais je l'ai laissée mourir. Égoïste, je ne voulais plus qu'elle m'échappât. A présent elle m'appartenait, jusqu'au jour où elle appartiendrait au bourreau. Moi seul, dans ce monde qui l'avait chargée de tant d'adorations et de tant d'outrages, je lui restais indigné et fidèle. Elle, cependant, elle était calme, tant elle était sûre de sa mort. Jamais je ne l'avais vue plus belle. La pâle clarté des assises, le crucifix sanglant au-dessus des juges, ces filles de joie qui venaient, de leurs dépositions unanimes, éclairer la justice du tribunal, ces plaidoiries pour et contre, qui ne disent pas un mot de la question, rien ne put la troubler, rien ne put la distraire. La force d'âme qui l'avait poussée à ce meurtre ne l'abandonna pas un seul instant. Elle appuyait sa tête sur ses mains, comme si elle eût senti sa tête chanceler sur ses épaules. Elle répondait aux juges avec la plus exquise politesse; sa voix était douce, son maintien décent; et pourtant était là, derrière elle, la peine de mort, l'échafaud, le bruit de la hache qui tombe!... toutes choses qui la protégeaient de je ne sais quelle influence éloquente qui l'eût sauvée, n'eût été son infâme métier. Mais comment aurait-on osé s'intéresser à cette prostituée! Sauver de la mort une fille de joie! qu'auraient dit les femmes et les filles de messieurs les jurés et de messieurs les juges? La morale publique et M. le procureur du roi voulaient un exemple. Ce qu'on put faire de plus humain pour la malheureuse Henriette, ce fut de débattre pendant six heures cette condamnation à mort.

XXI.

LE CACHOT.

Quand le juge fut au bout de son arrêt, je pensai en moi-même que j'avais enfin trouvé la solution du problème philosophique et littéraire si longtemps poursuivi, — encore un peu de courage, et mon œuvre était accomplie, — l'horreur était à bout. Je résolus de me raidir jusqu'à la fin du drame, de ne pas en manquer une scène, d'assister à l'entière expiation de cette vie si malheureusement employée. La victime n'intéressait plus que moi dans le monde; je l'aimais, je voulus la revoir encore et ne la plus quitter. Sylvio, qui me prenait en pitié depuis si longtemps, ne m'abandonna pas dans cette dernière extrémité : grâce à ses liaisons avec quelques hommes puissants, il m'introduisit dans cette vaste prison, dont les plus heureuses habitantes sont condamnées aux galères, véritable supplice bâtard, aussi horrible, quoique moins en évidence, que les tortures des bagnes de Brest et de Toulon. Dans ce lieu abominable qu'on pourrait appeler l'enfer, si on ne craignait pas de calomnier l'enfer, j'entendis des gémissements et des cris de joie, des blasphèmes et des prières; je vis de la rage et des larmes; mais tous ces faits généraux m'intéressaient fort peu en ce moment. Parmi toutes ces femmes perdues, je n'en voulais qu'à une femme, à une seule, — la femme qui allait mourir. Cette tête qu'on devait couper avait été jetée toute vivante dans cette fosse commune de la guillotine ou du bagne, qu'on appelle la Salpêtrière. Dans quel cachot était tombée la condamnée? Il fallait toute ma persévérance et tout mon amour pour le découvrir. Le cachot où elle était renfermée, à triple serrure, était enfoncé profondément dans la terre, à l'angle d'une cour abandonnée ; à l'entrée du soupirail, un banc vermoulu et recouvert d'une mousse épaisse comme d'un beau tapis vert, me permettait de m'asseoir et de plonger tout à l'aise mon regard perdu dans ce néant. Je connais ce banc comme je connais le banc de pierre hospitalier de la maison paternelle ; je vivrais mille ans, que je pourrais décrire encore ce bois recouvert de la mousse verdâtre et gluante qui suinte dans les prisons. Le temps et la mauvaise saison avaient creusé ce banc à moitié ; on eût dit une auge ou un cercueil ; à son extrémité et du côté du soupirail, ce chêne vermoulu offrait une large fente, dans laquelle je pouvais placer ma tête, sans projeter d'ombre dans le cachot, sans avoir peur d'être découvert. Grâce à ce bois creusé, grâce à cette fente propice, ce banc et moi c'était même chose. Du creux de cet observatoire, je pouvais étudier à toute heure cette morte qui palpitait, qui pensait encore dans cette tombe. J'étais couché à cette place des journées entières ; cette cour entourée de fortes murailles était devenue mon domaine ; à force de protections, j'étais presque regardé comme un guichetier surnuméraire : voilà comment chaque jour je pouvais à mon gré étudier les moindres mouvements de ma captive.

Cette étude était douloureuse. Ces murs humides, cette lumière blafarde, cette paille en lambeaux, et sur cette paille une jeune femme que déjà l'échafaud réclamait, sans autre espoir (fragile espoir!) que la cour de Cassation! comment aurais-je pu conserver ma colère en présence de ce tableau lamentable? Dans sa prison, aussi bien que dans le monde, cette femme était mon étude, ma tâche et ma douleur de chaque jour. Le matin j'assistais à son petit lever; le premier rayon de soleil qui tombait d'aplomb sur sa litière la réveillait en sursaut; ses yeux s'ouvraient précipitamment et effrayés; puis elle se dressait sur son séant, et restait morne et pensive. Un peu plus tard elle était debout, et, fidèle à de certaines habitudes d'élégance et de propreté, elle mettait toutes choses en ordre dans sa prison et sur sa personne. D'abord elle faisait son lit, c'est-à-dire, elle ramassait çà et là les moindres brins de paille épars dans son cachot; elle approchait sa cruche de ses lèvres; l'eau froide tombait sur son pâle visage, ranimé un instant; elle lavait ses mains déjà si blanches, elle arrangeait sur sa tête si mignonne ses cheveux longs et noirs, regardant lentement son pied, sa main, sa taille élégante; elle caressait doucement son petit cou si ferme, non sans frissonner de temps à autre, comme si ses mains eussent été de l'acier poli ; autant que possible se prolongeait cette occupation importante, car elle y était tout âme ; et quand tout était fini, quand elle n'avait plus une épingle à mettre, plus un ruban à attacher, elle se mettait à genoux sur sa paille, elle s'asseyait sur ses deux jolies petites jambes repliées sous elle-même, ses bras retombaient lentement le long de son corps ; hélas ! vous auriez dit qu'elle ne songeait à rien.

Sur le midi, le geôlier lui apportait la pitance accoutumée de la prison : du pain noir et de la soupe tiède dans une épaisse gamelle de bois où nageait une cuiller d'étain. La gamelle posée sur la terre, le geôlier se retirait. Alors la condamnée, agenouillée et la tête penchée sur cette eau fumante, en respirait la bienfaisante vapeur ; ses deux mains tenaient la gamelle embrassée et se coloraient légèrement à sa chaleur pénétrante ; quand elle s'était ainsi emparée de sa soupe par tous les sens, elle la dévorait en un clin d'œil pour se dédommager d'avoir attendu si longtemps. Le soir venu, à l'heure où jadis elle recevait à sa table tous les amours empressés à lui plaire, le même geôlier silencieux lui jetait un morceau de pain par le guichet de sa prison ; elle mangeait lentement son pain noir, levant les yeux vers le soupirail où la nuit commençait à descendre sur les quatre heures, et, pensant déjà à la longueur de cette nuit nouvelle, elle restait dans une extase pénible, les

yeux mouillés de pleurs, la bouche à moitié pleine, laissant tomber sur la terre humide le reste de ce pain si dur. Quelle lente agonie! quelle profonde solitude! quel néant! et pourtant que de tristes épisodes je pourrais ajouter à cette triste histoire!

Un jour qu'il faisait chaud et que la large toile d'araignée suspendue à la voûte sinistre étincelait de feux violets, pendant que l'insecte joyeux parcourait son ouvrage dans tous les sens, multipliant à l'infini ses fils si déliés, la jeune captive se prit à chanter. D'abord elle fredonna son air tout bas; elle chanta plus haut ensuite; elle y mit enfin toute sa voix, et sa voix était belle et sonore. C'était un air insignifiant, un air de bravoure, une bonne fortune de chanteur de carrefour, aux sons ambigus de l'orgue; mais cependant elle donnait à cet air une expression indéfinissable, et moi, couché dans mon banc, je recevais ces accents funèbres avec un tremblement convulsif. C'était le dernier soupir d'un beau jeune homme blessé à mort, et qui tombe comme s'il devait se relever et se venger l'instant d'après.

Une autre fois, elle était joyeuse, elle riait aux éclats; puis, sur un morceau de laine, sur sa couverture trouée, elle frottait je ne sais quoi; mais elle le frottait avec une persévérance et une activité incroyables. Tantôt elle restait un quart d'heure entier sans examiner le progrès du frottement; tantôt elle considérait son morceau de métal à chaque minute. Pensez-vous bien qu'il s'agissait de le rendre luisant et poli, de le débarrasser de la rouille qui le chargeait? La tâche était difficile. La condamnée s'impatientait, s'épuisait, se décourageait, se remettait au travail ; quand tout à coup elle poussa un cri de joie : l'œuvre était accomplie ! elle avait dérobé un vieux bouton de cuivre à son geôlier, et elle avait rendu ce cuivre assez brillant pour qu'il pût lui servir de miroir !

D'abord elle fut heureuse. Un miroir ! il y avait si longtemps qu'elle ne s'était vue ! Mais au premier coup d'œil jeté sur ce métal perfide, elle chercha en vain toute cette véritable beauté, l'objet constant de son culte, sa passion, sa religion, sa croyance, son amour ! En effet, elle redevint triste ; cette figure, ce n'était plus sa figure ! ce n'étaient là ni ses yeux si vifs, ni sa peau si veloutée et si blanche, ni l'incarnat de ses lèvres, ni la perle de son sourire, ni la grâce de son maintien. Elle avait sous les yeux un fantôme, un triste et pâle reflet d'une ombre ! Indignée, elle rejeta bien loin ce miroir menteur. L'instant d'après, elle le ramassait et se regardait encore ; elle en était venue à penser que ce miroir était trompeur, que ce métal tout rond allongeait son visage, que ce reflet jaunâtre la couvrait tout entière, que ce faux jour la rendait moins blanche ; et alors, grâce à ses souvenirs, elle se revoyait telle qu'elle s'était vue : elle retrouvait un à un toutes ses roses et tous ses lis ; elle revenait lentement, par les sentiers les plus fleuris, aux plus beaux jours de sa limpide beauté; ses souvenirs les embellissaient encore, un sourire faisait le reste.

Au moment où elle se souriait ainsi à elle-même, heureuse et fière, oublieuse de toutes choses, le geôlier entra dans son cachot.

XXII.

LE GEÔLIER.

Cet homme, mais peut-on l'appeler un homme? avait été vaincu, aussi bien que moi, par cette beauté sans rivale. Pourtant, une rude écorce enveloppait le cœur de cet amant étrange. Il n'avait guère été plus heureux que la misérable dont il était le gardien. Il était né dans cette prison, dont son père était le geôlier avant lui.

Une femme des galères l'avait engendré sous le bâton, et pourtant cet être avorté était venu assez à temps et assez intelligent pour être un geôlier à son tour. Il était hideux, surtout quand il riait. Je l'ai vu faire sa déclaration d'amour. D'abord il se plaça prudemment contre la porte entr'ouverte, et, ainsi appuyé, levant sur la malheureuse fille ses deux yeux inégaux, ouvrant une large bouche, dont l'épaisse lèvre laissait à peine entrevoir les dents aiguës d'un vieux renard, il lui parla un inintelligible langage — il lui fit signe qu'avant quinze jours on devait lui trancher la tête ; le signe fut horrible et très-expressif : l'homme se dressa sur ses deux pieds, leva sa lourde main derrière sa tête, baissa son large cou et fit semblant de se frapper ; sa poitrine rendit un bruit sourd, assez semblable à celui du couteau qui tombe... Puis il redressa en même temps sa tête, sa longue barbe, ses épaisses lèvres, ses dents aiguës, et son large sourire qu'il avait conservé précieusement, sans doute pour s'éviter la peine d'en commencer un second.

La condamnée regardait cet homme d'un œil hagard. Lui, cependant, il s'approcha d'elle ; il lui prit la main moins brutalement qu'on eût pu croire, et avec cette éloquence qui n'appartient qu'à la passion, il lui expliqua longuement qu'elle pouvait être sauvée. Je ne sais quelles furent ses paroles, elles n'arrivaient pas jusqu'à moi ; mais enfin elle eut l'air de consentir à tout ; elle ne retira pas sa main des mains de cet homme ; ils convinrent tout bas d'une heure plus favorable ; alors il voulut l'embrasser, mais elle recula d'épouvante ; il sortit enfin, toujours avec cet horrible sourire qu'il avait sténographié sur son horrible visage.

Mon Dieu ! à cette vue j'eus besoin d'appeler tout mon courage à mon aide. Quoi ! dans son cachot ! sur son lit de mort ! son geôlier ! — et encore quel geôlier ! J'étais fou ; fou de malheur, de désespoir, d'étonnement, de rage ! Je croyais tous les filons de la douleur épuisés, et voilà une mine toute nouvelle de corruption ! Je croyais cette longue débauche à sa fin, et la voilà qui recommence de plus belle ! Je me contentais de la laideur morale, elle devait me suffire et au delà, et voilà que, si je veux, je peux assister à l'accouplement de la laideur physique avec la laideur morale, d'un bourreau avec un meurtrier, d'une femme sans cœur avec un homme difforme ! — Et quand ? et quel jour ? et à quelle heure ? Ce soir, tout à l'heure, à présent peut-être ! Et je restais cloué sur mon banc, sans pouls, sans haleine, ému, éperdu. J'aurais donné mon âme, oui, mon âme, prends-la, Satan! pour que mon regard ébloui pût franchir les ténèbres épaisses de cet affreux cachot! Que va-t-il donc se passer dans ces ténèbres? Oh! malheur à moi qui ai permis à cette femme de se perdre ainsi! Malheur à moi qui n'ai pas ramassé cette perle dans son fumier! Mais, Dieu merci! il fait jour; silence! on vient! La porte s'ouvre, non pas brusquement sous la main brutale du geôlier, mais avec tant de respect que déjà l'amant se devine. C'était bien pourtant le même homme de la veille. Henriette, en le voyant, se pressa au fond de son cachot; outre la pitance accoutumée, l'homme tenait à la main une botte de paille fraîche, qu'il étendit gravement sur la vieille paille; puis il sortit impassible et sans même adresser un regard à sa prisonnière. J'entendis le son lointain des verroux qui se refermaient; je respirai plus à l'aise : Dieu merci! ce n'était pas encore pour aujourd'hui.

Mais bientôt, après cet instant de calme, l'inquiétude me reprit. Si le geôlier m'avait aperçu! si c'était pour demain, pour ce soir peut-être? Il faisait nuit — une de ces nuits trop noires même pour les amants, trop noires même pour le meurtre. Je ne pouvais pas dormir, un pressentiment invincible me poussait; je descendis à tâtons dans la cour; l'air était glacé; le brouillard s'était trouvé emprisonné dans ces longs murs, et retombait en pluie lourde et froide; le cachot était noir ; figurez-vous une tombe sombre et profonde, sans mouvement, sans qu'on puisse même apercevoir le blanc squelette étendu sur cette terre humide. Tout se taisait dans cette nuit ; il n'y avait à cette heure, dans cette prison, d'autres accouplements que le funèbre accouplement de la nuit et du silence, du remords et du crime. Henriette eût été couchée toute sanglante sur sa dernière paille, qu'elle eût fait plus de bruit peut-être. Je fus rassuré, l'homme avait eu peur, sans doute, d'une nuit pareille; la femme aussi. Déjà je retournais sur mes pas et j'abandonnais le soupirail, lorsqu'au fond du cachot, à travers le large trou de la serrure, je crus apercevoir, j'aperçus en effet, un faible rayon de lumière, un léger phosphore, un feu follet, le soir, aux yeux du voyageur égaré, le faible éclair d'un ver luisant caché sous une feuille de rose. C'était lui! c'était l'autre monstre — le mâle! La porte s'ouvrit lentement, lentement le rayon de lumière s'étendait dans le cachot, lentement le geôlier s'avança, d'une main retenant ses clefs muettes et portant de l'autre main une lampe fétide; tout d'un coup, à la funèbre lueur, j'aperçus le lit, la paille fraîche, Henriette, étendue, et qui ne dormait pas! Elle attendait!

elle l'attendait! Que voulez-vous? cet homme était son dernier esclave, son dernier amour, son triomphe suprême, le triomphe d'une femme à peu près morte! La lampe étant posée à terre, torche digne d'un pareil hymen, le geôlier s'avançait d'un pas sûr, sa main pressait déjà cette taille charmante, son horrible visage s'approchait déjà de ce doux visage; et moi! moi, je voulais crier, je ne pouvais pas; je voulais m'enfuir, mes membres étaient glacés; je voulus détourner la tête, ma tête était fixée là, attachée, clouée, invinciblement forcée de tout voir; j'allais mourir, quand heureusement la lampe s'éteignit : tout disparut; je ne vis plus rien, je n'entendis plus rien, je n'imaginai plus rien. Mon Dieu! le plus grand de tes bienfaits envers l'homme, c'est la folie ou le délire : tant de malheur le tuerait!

Pendant quinze jours j'eus le délire. Quinze jours après je pus m'expliquer ce mystère : Sylvio, pour me faire revenir à moi, fut obligé de me parler d'elle et de la trouver la plus belle et la plus charmante des femmes. — Redis-moi, lui disais-je, bon Sylvio, que tu n'as jamais vu une créature plus accomplie. — En effet, disait Sylvio, elle est la plus belle du monde, et je pense qu'on a eu pitié d'elle et qu'on ne la fera pas mourir. — A ces mots, la fièvre me reprit : — ne pas mourir!

Ah! si je le croyais, Sylvio, j'irais la tuer de mes propres mains! oui, qu'elle meure! qu'elle meure sur l'échafaud! tombe sa tête coupable! Que ce tendre regard se glace sous le couteau! Va me retenir dans un bon endroit une fenêtre à la Grève. Ah! si tu savais, si tu savais ses crimes, quel abîme! Ainsi, qu'on l'accusât ou qu'on la plaignît devant moi, je retombais dans le même égarement! — Cependant il s'agissait pour la condamnée d'un grand délai. Je l'avais aperçue quand elle se livra au geôlier, inquiète, pensive, portant à chaque instant une de ses mains sur ses flancs qu'elle interrogeait avec une curiosité funeste; quand M. le greffier vint lui lire son arrêt de mort, en ajoutant que quelqu'un demandait à lui parler, elle l'écouta de sang-froid, car elle avait réponse même à la mort; l'instant d'après, je vis entrer deux hommes en habit noir, deux docteurs en médecine; l'un sévère, déjà vieux, à l'air soucieux et occupé; l'autre jeune, riant, évaporé, prenant la main de la condamnée avec grâce et politesse, pendant que son confrère avait l'air de la toucher à peine et montrait plus d'horreur qu'il n'en ressentait en effet. Au premier abord, le vieux médecin dit à l'huissier: —Cette femme n'est pas enceinte, que la loi s'exécute; et il sortait. Déjà les soldats entraînaient Henriette, quand le jeune homme, rappelant le vieillard : — Cette femme est enceinte, s'écria-t-il, elle est mère; la loi, l'humanité, tout s'oppose à ce qu'elle meure; et il parla si vivement, il donna tant de preuves, qu'un sursis fut accordé à la mourante; elle avait donné, pour neuf mois de cette triste vie, une heure de son amour; de tous les marchés qu'elle avait passés, elle n'en avait pas fait de plus funeste.

XXIII.

LA SALPÊTRIÈRE.

Je laissai là la mère, le père et l'enfant, et j'allai me promener sur le boulevard Neuf. — Monsieur le jeune docteur, me disais-je à moi-même, vous avez fait là une belle œuvre. Vous venez de rendre un grand service à l'embryon de la police et de cette fille. Pardieu, vous n'avez pas arraché cet enfant au bourreau pour longtemps ; laissez-le seulement grandir et gagner l'âge où il aura le droit d'hériter et d'avoir la tête coupée. Celui-là a assez peu de chances dans les héritages à venir, mais en revanche il réunit, contre sa tête, toutes les chances de son père et toutes les chances de sa mère. Monsieur le docteur, en vérité, vous avez rendu là un grand service à tous, et pourquoi? D'ailleurs, cette femme retranchée du monde, quels droits avait-elle encore à être mère? Et cet enfant, de quel droit vient-il au monde et qu'y vient-il faire? Sa naissance sera un second arrêt de mort pour sa mère, et cette fois la cour de Cassation n'aura rien à y voir. Encore, si l'on donnait à cette mère le temps de nourrir son enfant! Mais on lui passe à peine les neuf mois pour le mettre au jour; le lait qui devait nourrir ce fœtus coulera, à défaut de sang, sous le scalpel de l'opérateur, digne objet de plaisanterie pour nos amphithéâtres. Monsieur le docteur, vous êtes un habile docteur! Ainsi pensant, et poussé de prison en prison, j'étais arrivé sur la place de la Salpêtrière, l'asile des vieilles femmes de rebut dont la société ne veut plus, même pour en faire des portières ou des marchandes à la toilette. La Salpêtrière est un village entier, populeux comme une ville; mais, grand Dieu! quel peuple! Des femmes sans maris, des mères sans enfants, des aïeules sans petits-enfants; toutes sortes de décrépitudes isolées sont amoncelées dans ces murs. Cette hospitalière maison n'est ouverte qu'aux femmes vieilles ou aux femmes folles. Véritable catacombe d'ossements vivants, où la femme au bord de sa tombe est séparée des hommes avec plus de soin que s'il s'agissait de protéger et de défendre les printemps les plus jeunes et les plus chastes. La maison s'élève fièrement comme toutes les maisons qu'habitent les pauvres, palais mendiants et menteurs! On leur donne un dôme doré et une façade de marbre; mais sous ce dôme le pauvre est seul, et derrière cette pierre de taille, il n'a plus d'autre occupation que de mourir à peu de frais. Les vieillesses entassées dans cet isolement affreux font mal à voir. On compte malgré soi toutes les affections brisées qu'un pareil hôpital représente. Voilà donc où viennent aboutir tant de vertus et tant de vices, tant d'oisivetés et tant de travaux, tant d'amours mercenaires et tant d'amours légitimes! Je cherchais par quelle fatalité toutes ces vieillesses arrivaient à ce même but, quand au détour d'une allée, vis-à-vis une riante maison, j'aperçus une pauvre femme et ses deux enfants. Cette femme tressait du chanvre pour faire de la corde; un enfant de sept à huit ans, les pieds nus, les cheveux bouclés, tournait la roue; sa pauvre mère marchait à reculons, lâchant de temps à autre, d'une main avare, le chanvre que renfermait son tablier. Elle travaillait depuis le matin, et l'ouvrage était peu avancé, car elle était obligée de se régler sur la faiblesse de son ouvrier plus encore que sur la sienne ; au-dessous de la corde commencée, et sur le gazon desséché qui recouvrait la terre, dormait une toute petite fille ; sa jeune tête s'appuyait sur son bras droit, ses cheveux longs et soyeux étaient légèrement soulevés par le vent et retombaient sur sa joue, qui se colorait alors d'une légère teinte rose ; son petit frère la regardait de temps à autre, lui enviant peut-être son repos et son sommeil ; la pauvre femme les regardait tour à tour tous les deux, mais tout à coup elle s'arrachait à sa contemplation maternelle, se reprochant cet instant d'espérance et de repos.

— Pauvre jeune enfant ! me disais-je, à la vue de cette petite fille qui dormait pendant que son jeune frère et sa jeune mère lui gagnaient une goutte de lait ; la misère veille sur ton berceau, tu auras pour soutien la misère, — et pour conseil la misère ! Pas un moyen d'échapper à cette destinée de pauvreté, d'abandon, de vice ! — Nul espoir ! nul bonheur ! — Ta mère qui t'aime tant, à présent qu'elle peut encore te nourrir, te prendra en haine quand le pain lui manquera pour toi et pour elle. Elle n'aura même pas le temps de te parler de Dieu et de l'autre vie, tant vous allez être enveloppés tout à l'heure, elle et toi et ton frère, dans toutes les nécessités de cette vie. Pauvre enfant rose et blond, qui dors au bruit de cette roue qui tourne comme tourne la roue de la fortune, mais sans jamais pouvoir espérer autre chose qu'une corde de chanvre; pauvre petit être, qui seras trop heureux, après quatre-vingts ans de faim, de travail et d'abandon, d'obtenir enfin un lit à la Salpêtrière et un sac en lambeaux pour linceul!

XXIV.

LE BAISER.

Ma victime m'avait échappé. On l'avait tirée de son cachot pour la renfermer dans une chambre à l'usage des vivants. Depuis que je ne pouvais plus la voir, j'étais sorti de ma prison volontaire, j'étais rentré dans ma vie aventureuse. Je savais bien que son dernier jour sortirait, et bientôt, de l'abîme de ses jours; mais, pour m'arracher, autant qu'il était en moi, à cette funeste pensée, je me jetai plus que jamais dans mon étude favorite des petits faits de la vie commune, espionnant la nature la plus vulgaire et chaque jour lui dérobant mille secrets innocents, trop simples pour qu'on les étudie, et pourtant si fertiles en émotions! Ainsi je m'étourdissais sur le temps; ainsi j'oubliais tout ce que je savais! Je me figurais que c'était un songe; je ne m'entourais que de figures riantes; le printemps était revenu, et avec le printemps ces admirables promenades où votre admiration, éveillée à chaque pas, marche sans jamais se lasser de découvertes en découvertes. Au milieu de ces transports toujours nouveaux, un compagnon invisible parle à votre cœur, une voix mystérieuse chante doucement à votre oreille; vous n'êtes pas seul, ou plutôt vous êtes mieux que seul. Je passais, un jour, par un petit village de plaisance aux environs de Paris, devant une grande cour remplie de charpentes; les planches étaient soigneusement rangées contre la muraille. Au fond de la cour, une main habile et capricieuse avait dessiné un petit jardin tout parfumé par de beaux lilas à demi épanouis; au-dessus du toit, pointait, en roucoulant, un joli pigeonnier recouvert en tuiles rouges; sur le bord de la planche toute neuve, un beau pigeon au cou changeant, au plumage doré, se promenait fièrement au soleil, battant de l'aile sa coquette et blanche amoureuse; il y avait autour de cette jolie maison tant de propreté, de bien-être et de bonne grâce, que je ne pus résister au désir d'y jeter au moins un coup d'œil. J'entrai dans la cour, et après avoir respiré de plus près l'odeur de ces lilas embaumés, j'allais continuer ma promenade, quand, au rez-de-chaussée et au milieu d'une vaste salle, j'aperçus, à moitié construite, une large machine. Cette machine étrange se composait d'une longue estrade en bois de chêne; une légère barrière l'entourait de deux côtés; sur le derrière s'appuyait un escalier; sur le devant s'élevaient deux larges poutres menaçantes; chacune de ces poutres avait une rainure au milieu; tout au bas de la machine, l'estrade se terminait brusquement par une planche taillée au milieu en forme de collier; cette planche était mobile; on voyait pourtant que l'ouvrage était bien près d'être achevé : un jeune homme beau, riant, vigoureux, bien fait, frappait en chantant et de toutes ses forces sur les ais mal joints, ajoutant à son œuvre une dernière cheville; sur le dernier échelon de l'escalier on voyait une bouteille presque vide et un verre à moitié plein; de temps à autre le jeune homme se mettait à boire à petits traits, après quoi, il revenait à son ouvrage et à son gai refrain.

Cette machine inconnue et d'un aspect si nouveau m'inquiétait malgré moi : que voulait dire ce théâtre, et à quoi bon ? Je serais resté fixé à la même place, tout un jour, sans pouvoir m'expliquer la chose. J'étais donc debout à cette fenêtre de rez-de-chaussée, muet, inquiet, curieux, écoutant avec un frémissement involontaire les coups du marteau, quand le jeune ouvrier fut

interrompu par un joli enfant qui venait pour lui vendre

de la ficelle; cet enfant, c'était mon fabricant de la Salpêtrière; il apportait le travail de quinze jours, et à son air timide on voyait qu'il tremblait d'être refusé. Le charpentier l'accueillit en bon jeune homme, il reçut sa corde sans trop la regarder, il la paya généreusement, et renvoya cet enfant avec un gros baiser et un verre de ce bon vin qui était sur le pied de l'échelle. Resté seul, le jeune charpentier ne se remit pas à l'ouvrage ; il se promena d'un air soucieux de long en large, l'œil toujours fixé sur la porte; évidemment il attendait quelqu'un; ce quelqu'un qui arrive toujours trop tard, qui s'en va toujours trop tôt, qu'on remercie de vous avoir dérobé votre journée, avec qui les heures sont rapides comme la pensée. Arriva à la fin une fille belle et fraîche, naïve et curieuse ; après le premier bonjour à son amant, elle s'occupa, tout comme moi, de la machine. Je n'entendais pas un mot de la conversation, mais elle devait être vive et intéressante. A la fin, le jeune homme, à bout sans doute de toutes ses explications, fit un signe à la jeune fille comme pour l'engager à jouer son rôle sur ce théâtre; d'abord elle ne voulut pas; puis elle se fit prier moins fort; puis elle consentit tout à fait : alors son fiancé, prenant un air grave et sérieux, lui attacha les mains derrière le dos avec la corde de l'enfant; il la soutint pendant qu'elle montait sur l'estrade; montée sur l'estrade, il l'attacha sur la planche mobile, de sorte qu'une extrémité de ce

bois funeste touchait à la poitrine, pendant que les pieds étaient fixés à l'autre extrémité : je commençais à comprendre cet horrible mécanisme! J'avais peur de le comprendre, quand tout à coup la planche s'abaisse lentement entre les deux poutres; tout à coup aussi, et d'un seul bond, le jeune charpentier est par terre, ses deux mains entourent le cou de sa maîtresse ainsi garottée; lui cependant, jovial exécuteur de la sentence qu'il a portée, il passe sa tête et ses deux lèvres brûlantes sous cette tête ainsi penchée. La victime rose et rieuse avait beau vouloir se défendre, pas un mouvement ne lui était permis.

Eh bien! ce fut seulement au second baiser que le jeune homme donna à sa maîtresse, que je compris tout à fait à quoi cette machine pouvait servir.

XXV.

LE DERNIER JOUR D'UN CONDAMNÉ.

Un léger coup sur l'épaule me tira de cette horrible contemplation; je me retournai épouvanté, comme si je me fusse attendu à trouver derrière moi l'homme pour qui travaillait le charpentier, je ne vis que la figure douce, triste et compatissante de Sylvio. — Viens, mon ami, dis-je à Sylvio avec le sourire d'un insensé; viens voir cette machine sur laquelle ces deux bons jeunes gens prennent leurs ébats amoureux, comme font sur cette planche polie les pigeons du colombier. Crois-tu donc que sur ce parquet tout uni, entre ces deux poutres de sapin si odorantes et si blanches, sur ce théâtre innocent de tant d'amour, puisse jamais se passer une horrible scène de meurtre ? que dis-je ? le plus horrible des crimes, un meurtre de sang-froid, un meurtre accompli à la face de Dieu et des hommes ! Peux-tu donc penser jamais qu'à cette échancrure où se penche amoureusement la tête animée et souriante de cette belle fille, puisse jamais tomber de son dernier bond une tête fraîchement coupée ? Et pourtant la chose n'est que trop certaine. Demain peut-être le bourreau viendra, qui demandera si la machine est prête. Il grimpera à cette échelle pour s'assurer que l'échelle est solide, il parcourra à grands pas ces planches si bien jointes pour s'assurer que ces planches résisteront à la palpitante agonie du misérable; il fera jouer la bascule, car il faut que la bascule soit alerte et preste, et s'abaisse aussi promptement que le couteau. Une fois qu'il se sera bien assuré de l'excellence de ce travail, auquel se rattachent la paix, l'honneur, la fortune et la tranquillité des citoyens, terrible pilotis sur lequel est bâtie la société tout entière, l'homme fera un petit sourire de satisfaction au maître charpentier, il dira qu'on lui apporte sa machine de bonne heure ou bien le soir; après quoi, ce riant théâtre d'amour ne sera plus qu'un théâtre de meurtre, le boudoir deviendra échafaud sanglant; on n'entendra plus là, — non plus jamais — le bruit des baisers, — à moins que d'appeler un baiser cette dernière aumône que jette le prêtre, du bout de ses lèvres tremblantes, sur la joue pâle et livide de l'homme qui va mourir. Et pourtant, Sylvio, à présent que j'y pense, je me souviens qu'autrefois, dans un temps heureux, comparé à celui-ci, quand je nageais en plein paradoxe, j'ai entendu des gens qui riaient de la peine de mort. Bien plus, ces gens-là se vantaient eux-mêmes, celui-ci, d'avoir été pendu et de s'être balancé longtemps au bout d'une corde dans un des éclatants paysages d'Italie; celui-là, d'avoir été empalé au sommet des tours de Constantinople, d'où il pouvait admirer tout à l'aise le Bosphore de Thrace; cet autre, enfin, de s'être noyé amoureusement dans les eaux transparentes de la Saône, entraîné qu'il était par une jeune et belle naïade au sein nu. Je t'avoue qu'en les entendant ainsi parer la mort violente, je m'étais habitué à jouer avec elle; je regardais le bourreau comme un complaisant adjuteur, plus habile que les autres à fermer les yeux d'un homme; mais à présent, la vue de cette machine encore si innocente, le seul aspect de ce bois qui n'a été encore enduit que de cire vierge, ébranle toutes mes convictions sanguinaires. Je t'ai raconté, il t'en souvient, l'histoire du pendu, l'histoire de l'homme empalé, l'histoire du noyé; qu'en penses-tu donc, Sylvio?

— Je pense, répondit Sylvio, que tu courais après le paradoxe et que le paradoxe a fait la moitié du chemin pour venir à toi. La vérité arrive moins vite, ou bien elle est moins complaisante; tout au plus se laisse-t-elle approcher quand on va à elle d'un pas ferme. Malheureux! à présent que tu as accoutumé ta vue aux éblouissements turbulents du paradoxe, j'ai bien peur que tu ne puisses soutenir une lumière plus pure et plus calme. Cependant je t'ai suivi tout ce matin pour te faire part de l'histoire d'un agonisant, écrite par lui-même. Tu vas entendre un homme qui, lui, ne joue pas avec la mort. Celui-là, tu peux l'en croire, car il a vraiment tendu sa tête au bourreau, car il a vraiment senti à son cou la corde fatale, car il est véritablement mort sur l'échafaud. En même temps Sylvio m'entraînait loin de la maison du charpentier. Nous passâmes à travers plusieurs haies verdoyantes et doucement blanchissantes; nous nous assîmes à l'ombre, ou plutôt au soleil d'un vieil orme dont la feuille était encore un bourgeon rougeâtre; en même temps mon ami déployait lentement un de ces immenses journaux américains dont le nombre et l'étendue sont encore pour la France un vif sujet d'étonnement, et quand enfin il me vit plus calme et tout prêt à écouter, il me lut lentement cette triste et véridique histoire des dernières sensations d'un homme condamné à mort. J'ai su depuis que, pour ne pas me jeter dans trop de douleurs, mon lecteur avait passé sous silence la dernière entrevue du condamné avec Élisabeth Clare, jeune fille que le condamné aimait passionnément :

« Il était quatre heures de l'après-midi lorsqu'Élisabeth me quitta, et quand elle fut partie, il me sembla que j'avais fini tout ce que j'avais à faire dans ce monde. J'aurais pu souhaiter alors de mourir à cette place et à l'heure même, j'avais fait la dernière action de ma vie, et la plus amère de toutes. Mais à mesure que descendait le crépuscule, ma prison devenait plus froide et plus humide, la soirée était sombre et brumeuse; je n'avais ni feu ni chandelle, quoique ce fût au mois de janvier, ni assez de couvertures pour me réchauffer; — et mes esprits s'affaiblirent par degrés, — et mon cœur s'affaissa sous la misère et la désolation de tout ce qui m'entourait, — et peu à peu (car ce que j'écris maintenant ne doit être que la vérité) la pensée d'Élisabeth, de ce qu'elle deviendrait, commença à céder devant le sentiment de ma propre situation. Ce fut la première fois, je n'en puis dire la cause, que mon esprit comprit pleinement l'arrêt que je devais subir dans quelques heures; et en y réfléchissant, une terreur horrible me gagna, comme si ma sentence venait d'être prononcée, et comme si jusque là je n'eusse pas su réellement et sérieusement que je devais mourir.

« Je n'avais rien mangé depuis vingt-quatre heures. Il y avait près de moi de la nourriture, qu'un homme pieux qui m'avait visité m'avait envoyé de sa propre table, mais je ne pouvais y goûter, et quand je la regardais, d'étranges idées s'emparaient de moi. C'était une nourriture choisie, non telle qu'on la donne aux prisonniers; elle m'avait été envoyée parce que je devais mourir le lendemain. Je pensai alors aux animaux des champs, aux oiseaux de l'air, qu'on engraisse pour les tuer. Je sentis que mes pensées n'étaient pas ce qu'elles auraient dû être en un pareil moment; je crois que ma tête s'égara. Une sorte de bourdonnement sourd, semblable à celui des abeilles, résonnait à mes oreilles sans que je pusse m'en débarrasser ; quoiqu'il fît nuit close, des étincelles lumineuses allaient et venaient devant mes yeux ; — et je ne pouvais me rien rappeler. J'essayai de dire mes prières, mais je ne pus me souvenir que d'une prière isolée, çà et là, et sans suite avec les autres prières ; il me semblait que ces mots confus, adressés en tremblant au Dieu terrible, étaient autant de blasphèmes que je proférais. — Je ne sais même plus ce que disaient ces prières, je ne puis pas me rendre compte de ce que je dis alors. Mais tout à coup il me sembla que toute cette terreur était vaine et inutile, et que je ne resterais pas là pour y attendre la mort. Espérance ! Était-ce bien de l'espérance ? — Et je me levai d'un seul bond ; je m'élançai aux grilles de la fenêtre du cachot, et je m'y attachai avec une telle force, que je les courbai, car je me sentais la puissance d'un lion. — Et je promenai mes mains sur chaque partie de la serrure de ma porte ; — et j'appliquai mon épaule contre la porte même, quoique je susse qu'elle était garnie en fer et plus pesante que celle d'une église ; — et je tâtonnai le long des murs et jusque dans le recoin de mon cachot, quoique je susse très-bien, si j'avais eu mes sens, que tout le mur était en pierres massives de trois pieds d'épaisseur, — et que lors même que j'aurais pu passer à travers une crevasse plus petite que le trou d'une aiguille, je n'avais pas la moindre chance de salut.

Au milieu de tous ces efforts, je fus saisi d'une faiblesse comme si j'eusse avalé du poison; je n'eus que la force de gagner en chancelant la place qu'occupait mon lit. Je tombai sur mon lit, et je crois que je m'évanouis. Mais cela ne dura pas, car ma tête tournait, la chambre me paraissait tourner aussi. — Et je rêvai, entre la veille et le sommeil, qu'il était minuit et qu'Élisabeth était revenue comme elle me l'avait promis, et qu'on refusait de la laisser entrer. Il me semblait qu'il tombait une neige épaisse et que les rues en étaient toutes couvertes comme d'un drap blanc, et que je voyais Élisabeth morte, couchée dans la neige, au milieu des ténèbres, à la porte même de la prison. Quand je revins à moi, je me débattais sans pouvoir respirer. Au bout d'une ou deux minutes, j'entendis l'horloge du Saint-Sépulcre sonner dix heures, et je connus que j'avais fait un rêve.

« L'aumônier de la prison entra sans que je l'eusse envoyé chercher. Il m'exhorta solennellement à ne plus songer aux peines de ce monde, à tourner mes pensées vers le monde à venir, à tâcher de réconcilier mon âme avec le ciel, dans l'espérance que mes péchés, quoique grands, me seraient pardonnés si je me repentais. Lorsqu'il fut parti, je me trouvai pendant un moment un peu plus recueilli. Je m'assis de nouveau sur le lit, et je m'efforçai sérieusement de m'entretenir avec moi-même et de me préparer à mon sort. Je me répétais dans mon esprit que, dans tous les cas, je n'avais plus que peu d'heures à vivre; qu'il n'y avait point d'espérance pour moi en cette vie, qu'au moins fallait-il mourir dignement et en homme. J'essayai alors de me rappeler tout ce que j'avais entendu dire sur la mort par pendaison : « Ce n'était que l'angoisse d'un moment; elle causait peu « ou point de douleur; elle éteignait la vie sur-le-champ;» et de là je passai à vingt autres idées étranges. Peu à peu ma tête recommença à divaguer et à s'égarer encore une fois. Je portai mes mains à ma gorge, je la serrai fortement, comme pour essayer de la strangulation. Ensuite je tâtai mes bras aux endroits où la corde devait être attachée; je la sentais passer et repasser jusqu'à ce qu'elle fût nouée solidement, je me sentais lier les mains l'une à l'autre; mais la chose qui me faisait le plus d'horreur, c'était l'idée de sentir le bonnet blanc abaissé sur mes yeux et sur mon visage. Si j'avais pu éviter ce bonnet blanc, cette mesquine anticipation sur la nuit éternelle, le reste ne m'eût pas été si horrible. Au milieu de ces imaginations funèbres, un engourdissement général gagna petit à petit tous mes membres.

« L'étourdissement que j'avais éprouvé fut suivi d'une pesante stupeur, qui diminuait la souffrance causée par mes idées, et cependant, même dans cet engourdissement stupide, je continuais encore à penser. Alors l'horloge de l'église sonna minuit. J'avais le sentiment du son, mais le son m'arrivait indistinctement, comme à travers plusieurs portes fermées ou bien à travers une grande distance. Peu à peu je vis les objets qui erraient dans ma mémoire, tourbillonner en haut et en bas et devenir de moins en moins distincts, puis ils s'en allèrent çà et là, l'un après l'autre, puis enfin ils disparurent tous tout à fait. Je m'endormis.

« Je dormis jusqu'à l'heure qui devait précéder l'exécution. Il était sept heures du matin, lorsqu'un coup frappé à la porte de mon cachot me réveilla. J'entendis le bruit, comme dans un rêve, quelques secondes avant d'être complétement réveillé, et ma première sensation ne fut que l'humeur d'un homme fatigué et qui fait un bon somme, qu'on réveille en sursaut. J'étais las et je voulais dormir encore. Une minute après, les verroux de l'extérieur de mon cachot furent tirés; un guichetier entra portant une petite lampe; il était suivi du gardien de la prison et de l'aumônier. Je levai la tête; un frisson semblable à un choc électrique, à un plongeon subit dans un bain de glace, me parcourut tout le corps. Un coup d'œil avait suffi. Le sommeil s'était éclipsé comme si je n'eusse jamais dormi, comme si jamais plus je ne devais dormir. J'avais le sentiment de ma situation.

« Roger, me dit le gardien d'une voix basse mais ferme, il est temps de vous lever! » L'aumônier me demanda comment j'avais passé la nuit, et proposa que je me joignisse à lui pour prier. Je me ramassai sur moi-même, je restai assis sur le bord du lit. Mes dents claquaient, mes genoux s'entre-choquaient en dépit de moi. Il ne faisait pas encore grand jour; et comme la porte du cachot restait ouverte, je pouvais voir au delà la petite cour pavée ; l'air était épais et sombre, et il tombait une pluie lente, mais continue. « Il est sept heures et demie passées, Roger! » dit le gardien de la prison. Je rassemblai mes forces pour demander qu'on me laissât seul jusqu'au dernier moment. J'avais trente minutes à vivre!

« J'essayai de faire une autre observation quand le gardien fut prêt à quitter le cachot; mais cette fois je ne pus pas faire sortir les mots que je voulais dire; le souffle me manqua; ma langue s'attacha à mon palais; j'avais perdu, non pas la parole, mais la faculté de parler; je fis deux violents efforts pour retrouver le son : vains efforts! je ne pouvais pas prononcer. Lorsqu'ils furent partis, je restai à la même place sur le lit. J'étais engourdi par le froid, probablement aussi par le sommeil et par le grand air inaccoutumé qui avait pénétré dans ma prison; je demeurai roulé pour ainsi dire sur moi-même, afin de me tenir plus chaudement, les bras croisés sur ma poitrine, la tête pendante, tremblant de tous mes membres. Mon corps me semblait un poids insupportable que j'étais hors d'état de soulever ou de remuer. Le jour éclairait de plus en plus, quoique jaunâtre et terne, et la lumière se glissait par degrés dans mon cachot, me montrant les murs humides et le pavé noir, et, tout étrange que cela soit, je ne pouvais m'empêcher de remarquer ces choses puériles, quoique la mort m'attendît l'instant d'après. Je remarquai la lampe que le guichetier avait déposée à terre, et qui brûlait obscurément avec une longue mèche pressée et comme étouffée par l'air froid et malsain; et je pensai, en ce moment-là même, qu'elle n'avait pas été ravivée depuis la veille au soir. Et je regardai le châssis du lit en fer nu et glacé, sur lequel j'étais assis, et les énormes têtes de clous qui garnissaient la porte du cachot, et les mots écrits sur les murs par d'autres prisonniers. Je tâtai mon pouls, il était si faible qu'à peine pouvais-je le compter. Il m'était impossible de m'amener à sentir, à comprendre, à me dire, à m'avouer à moi-même, en dépit de tous mes efforts, que véritablement j'allais mourir. Pendant cette anxiété, j'entendis la cloche de la chapelle commencer à sonner l'heure, et je pensais : « Seigneur, ayez pitié de moi, malheureux! » — Non, non, ce ne

pouvaient être encore les trois quarts après sept heures!
— tout au plus, au moins les trois quarts... L'horloge sonna les trois quarts... et — elle tinta le quatrième quart, puis huit heures. — L'heure!

« Ils étaient déjà dans ma prison avant que je les eusse aperçus. Ils me retrouvèrent à la même place, dans la même posture où ils m'avaient laissé.

« Ce qui me reste à dire occupera peu d'espace : mes souvenirs sont très-précis jusque là, mais ils ne sont pas à beaucoup près aussi distincts sur ce qui suivit. Je me rappelle cependant très-bien comment je sortis de mon cachot pour passer dans la grande salle. Deux hommes petits et ridés, vêtus de noir, me soutenaient. Je sais que j'essayai de me lever quand je vis entrer le gardien de la prison avec ces hommes; mais cela me fut impossible.

« Dans la grande salle étaient déjà les deux malheureux qui devaient subir leur sentence avec moi. Ils avaient les bras et les mains liés derrière le dos, et ils étaient couchés sur un banc, en attendant que je fusse préparé.

Un vieillard maigre, à cheveux blancs et rares, lisait à l'un d'eux quelque chose à haute voix; il vint à moi et me dit... je ne sais pas au juste ce qu'il me dit,—

par exemple, — « que nous devrions nous embrasser; » mais je ne l'entendis pas distinctement.

« La chose la plus difficile alors pour moi était de me tenir debout sur mes deux pieds et de ne pas tomber. J'avais cru que ces derniers moments seraient pleins de rage et d'horreur, et je n'éprouvais ni rage ni horreur; mais seulement une faiblesse nauséabonde, comme si le

cœur me manquait et comme si la planche même sur laquelle j'étais se dérobait sous moi. Je chancelais. Je ne pus que faire signe au vieillard à cheveux blancs de me laisser : quelqu'un intervint, qui le renvoya. On acheva de m'attacher les bras et les mains. J'entendis un officier dire à demi-voix à l'aumônier : *Tout est prêt!* Comme nous sortions, un des hommes en noir porta un verre d'eau à mes lèvres, mais je ne pus avaler.

« Nous commençâmes à nous mettre en marche à travers les longs passages voûtés qui conduisaient de la grande salle à l'échafaud. Je vis les lampes qui brûlaient encore, car la lumière du jour ne pénètre jamais sous ces voûtes ; j'entendis les coups pressés de la cloche et la voix grave de l'aumônier, lisant, comme il marchait devant nous : « Je suis la résurrection et la vie, a dit le « Seigneur; celui qui croit en moi, quand même il serait « mort, vivra; — et quoique les vers rongent mon corps « dans ma chair, je verrai Dieu. »

« C'était le service funèbre, prières composées pour les morts qui sont couchés dans le cercueil, immobiles, récitées sur nous qui étions debout et vivants... Je sentis encore une fois, je vis, et ce fut là mon dernier moment de complète perception. Je sentis la transition brusque de ces passages souterrains, chauds, étouffés, éclairés par des lampes, à la plate-forme découverte et aux marches grinçantes qui montaient à l'échafaud. Alors je découvris l'immense foule qui s'étendait noire et silencieuse sur toute l'étendue de la rue au-dessous de moi ; les fenêtres des maisons et des boutiques tout en face de l'échafaud étaient garnies de spectateurs jusqu'au quatrième étage. Je vis l'église du Saint-Sépulcre dans l'éloignement à travers le brouillard jaune, et j'entendis le tintement de sa cloche. Je me rappelle le ciel nuageux, la matinée brumeuse, l'humidité qui couvrait l'échafaud, la masse immense de tous ces noirs édifices, la prison même qui s'élevait à côté et qui semblait projeter sur nous son ombre encore impitoyable ; je sens encore la brise fraîche et froide qui vint frapper mon visage. Je vois encore aujourd'hui tout ce dernier coup d'œil qui me frappe l'âme comme ferait un coup de massue ; l'horrible perspective est tout entière devant moi : l'échafaud, la pluie, les figures de la multitude, le peuple grimpant sur les toits, la fumée qui se rabattait pesamment le long des cheminées, les charrettes remplies de femmes qui prenaient leur part d'émotions dans la cour de l'auberge en face ; j'entends le murmure bas et rauque qui circula dans la foule assemblée lorsque nous parûmes. Jamais je ne vis tant d'objets à la fois, si clairement, si distinctement qu'à ce seul coup d'œil : mais il fut court.

« A dater de ce coup d'œil, de ce moment, tout ce qui suivit fut nul pour moi. Les prières de l'aumônier, l'attache du nœud fatal, le bonnet dont l'idée m'inspirait tant d'horreur, enfin mon *exécution* et ma *mort* ne m'ont laissé aucun souvenir ; — si je n'étais certain que toutes ces choses ont eu lieu, je n'en aurais pas le moindre sentiment. J'ai lu depuis dans les gazettes les détails de ma conduite sur l'échafaud. Il était dit que je m'étais comporté dignement, avec fermeté ; que j'étais mort sans beaucoup d'angoisses ; que je ne m'étais pas débattu. Quelques efforts que j'aie faits pour me rappeler une seule de ces circonstances, je n'ai pu y parvenir. Tous mes souvenirs cessent à la vue de l'échafaud et de la rue. Ce qui, pour moi, semble suivre immédiatement cette minute d'angoisses, c'est un réveil d'un sommeil profond. Je me trouvai dans une chambre, sur un lit près duquel était assis un homme qui, lorsque j'ouvris les yeux, me regardait attentivement. J'avais repris toutes mes facultés, quoique je ne pusse parler avec suite. Je pensai qu'on m'avait apporté ma grâce ; qu'on m'avait enlevé de dessus l'échafaud et que je m'étais évanoui. Lorsque je sus la vérité, je crus démêler un souvenir confus, comme d'un rêve, de m'être trouvé en un lieu étrange étendu nu, avec une quantité de figures flottantes autour de moi; mais cette idée ne se présenta bien certainement à mon esprit qu'après avoir appris ce qui s'était passé. »

Tel était ce récit funèbre. Ce récit était plein de tristesse, de gravité, de résignation; il allait à merveille à ma tristesse présente. Je l'écoutai, non sans terreur, et cependant cette terreur même me réconciliait avec la mort. C'est bien le moins qu'on laisse au malheureux qui va mourir la dignité de son supplice! Toutes les angoisses de ce condamné à mort, je les partageais, mais pour l'en féliciter dans le fond de l'âme. Ne jouons pas avec cette âme immortelle qui s'en va, violemment chassée du corps qu'elle habite.

Bon Sylvio! il venait de me donner la seule consolation qui fût à la portée de ma douleur. Il venait de me prouver que je pouvais respecter Henriette, cette fille qui allait mourir.

L'histoire de ce condamné à mort fut pour moi un si grand soulagement, que je revins pour un instant à des idées littéraires qui étaient déjà si loin de moi.

« Mais, sais-tu bien, dis-je à Sylvio, qu'avec un pareil héros, un condamné à mort qui raconte lui-même l'histoire de son exécution à mort, on ferait un beau livre?

— Mon ami, répondit Sylvio, ne touchons pas à cette histoire et n'en faisons pas un livre, car c'est là un livre tout fait.

J'ai compris plus tard que Sylvio avait raison.

XXVI.

LA BOURBE.

Pour les malheureux et pour les heureux de ce monde, le temps marche vite. La mort arrive au pas de course pour les uns comme pour les autres ; alors ils se demandent avec effroi : — *Quelle heure est-il ?* Il n'y a que l'homme sage qui sache compter les heures, et qui ne les trouve ni trop longues ni trop courtes. Le sage prête l'oreille, l'heure sonne, et il bénit le ciel qui lui accorde cette heure encore.

Ainsi les heures, les jours, les mois s'étaient enfuis sans que je me fusse rappelé, sinon confusément, le destin d'Henriette. Henriette? N'est-ce pas cette femme qui doit être morte à présent? Enfin, un soir, tout à coup, par je ne sais quelle prescience fatale, et comme réveillé en sursaut, je comptai les mois, je comptai les jours, je comptai deux fois, et soudain je me précipitai vers la Bourbe. On n'y entrait pas le soir; j'y retournai le lendemain de très-bonne heure; on n'y entrait pas si matin; j'attendis à la porte. Si je comptais bien, l'enfant d'Henriette devait donc avoir vu le jour! La fatale sentence était prononcée sans appel; le triste sursis était épuisé; la condamnée était mère, elle n'avait plus qu'à mourir. Triste et impuissante maison, qui ne peut pas arracher au bourreau la nourrice que le bourreau réclame! Elle est bien nommée: *La Bourbe.*

La Bourbe est le dernier refuge des filles pauvres qui sont devenues mères, des jeunes épouses dont le mari est un joueur, des femmes condamnées à mort que le bourreau attend à la porte. A la Bourbe, la misère enfante la misère, la prostitution enfante la prostitution, le crime enfante le crime. Les enfants qui viennent au monde sur ces lits lamentables, n'ont pas d'autre héritage à attendre que le bagne ou l'échafaud. C'est là leur majorat, c'est là le domaine qui leur est substitué, c'est là leur droit le plus clair. Quand une femme a fait un enfant à la Bourbe, la Bourbe lui accorde trois jours de repos, après quoi elle met à la porte la mère et l'enfant; seulement, par une précaution philanthropique, on a placé, comme succursale de la Bourbe, le tour des enfants trouvés; presque toujours, ce pauvre enfant que la Bourbe vomit par une porte, elle le reçoit par l'autre porte... Je demandai à voir la condamnée; je la vis : elle portait sur sa figure douce et résignée, cette extraordinaire blancheur qui, pour une jeune mère, est souvent une douce compensation de tous les maux qu'elle a soufferts; elle était assise dans un grand fauteuil, et, la tête baissée, elle allaitait son enfant. L'enfant s'attachait avec une ardeur ravissante au sein inépuisable de sa nourrice. Ce sein était blanc, nuancé de bleu, et il était facile de juger que c'était celui d'une bonne nourrice, d'une femme jeune et forte, faite pour être mère. Ce mot de mère a quelque chose de respectable partout, même à la Bourbe. Une femme qui livre à l'enfant sa mamelle remplie, la vie chancelante de la frêle créature qui dépend de la vie de sa mère, cette protection attentive et tendre qu'une mère seule peut donner, ce petit cœur qui commence à battre sur ce grand cœur, cette âme naissante repue de lait et couverte de baisers, que la mère berce doucement sur son sein, en la tenant de ses deux mains jointes; oui, certes, c'est alors qu'on oublie tous les crimes d'une femme, ses trahisons, ses coquetteries, ses faiblesses, son incroyable délire, ce fatal aveuglement qui les pousse ainsi à leur ruine les unes et les autres; pauvres femmes condamnées à l'avance! Oui, l'amour maternel doit suffire à expier tous ces amours; une goutte de lait doit laver tous ces parjures. Bien plus, si cette femme a tué un homme, ne vient-elle donc pas tout à l'heure de rendre à la terre un homme? et encore un homme qui sera plus jeune et plus beau et plus fort? Ainsi j'entrai à la Bourbe le matin même du jour où Henriette allait mourir. Son calme, son attitude, sa faiblesse, sa beauté, et tout ce que je savais de ses premiers instants dans la vie et de ses horribles malheurs... que vous dirai-je? je fus prêt à sangloter. Je priai la sœur de charité de nous laisser seuls; je lui dis que j'étais le frère de la victime, que je voulais lui parler sans témoins : la bonne sœur s'éloigna en se disant . — *Éloignons-nous, il n'est peut-être pas son frère.* L'enfant d'Henriette s'était endormi sur le sein de sa mère sans le quitter.

Je m'approchai d'elle. — Me reconnaissez-vous? lui dis-je. — Elle leva lentement les yeux sur moi, elle me fit un léger signe de tête pour me dire qu'elle me reconnaissait. On voyait que cet aveu lui coûtait. — Henriette! lui dis-je, vous voyez devant vous un homme qui vous a aimée, qui vous aime encore ; c'est le seul homme pour qui vous n'ayez eu ni un regard ni un sourire ; maintenant il est le seul ami qui vous reste ; si vous avez quelque volonté dernière, livrez-la-moi, cette volonté sera faite.

Elle ne me répondit rien encore ; pourtant son regard était tendre, son sang remontait à sa joue ; ce bel ovale s'animait, pour la dernière fois, du feu de ces regards, de la grâce ineffaçable de ce sourire. Pauvre, pauvre jeune fille ! Pauvre tête qui va tomber ! Pauvre cou si frêle et si blanc, qu'on trancherait aussi facilement que la tige d'un lis, et sur lequel vont bondir cent livres de plomb, armées d'un immense couteau ! Oh ! pourtant, si tu m'avais ainsi regardé une fois, une seule, tu étais à moi, à moi pour la vie ; tu aurais été la reine du monde, car, à coup sûr, tu aurais été la plus belle !

— Henriette, lui dis-je, il est donc vrai, il faut mourir, mourir si jeune et si belle ; toi qui aurais pu être ma femme, élever notre jeune famille, être heureuse longtemps, honorée toujours, et, vieille grand'mère aux cheveux blancs, mourir sans douleur par une belle soirée d'automne, au milieu de tes petits-enfants; encore quelques heures, et adieu! adieu, pour jamais!

Elle était muette toujours; elle pressait son enfant sur son cœur sans me répondre; elle pleurait. C'étaient les premières larmes que je lui avais vu répandre; je les voyais couler lentement, son enfant les recevait presque toutes : ainsi baigné de ces larmes qui la rachetaient, cet enfant, je le regardais comme à moi!

— Au moins, dis-je à Henriette, ce jeune enfant sera mon fils.

La pauvre femme, à ces mots, se hâta d'embrasser la chère créature, et déjà elle me la tendait dans un mouvement convulsif, mais la porte s'ouvrit que ma phrase n'était pas finie. — Cet enfant est à moi, s'écria d'une voix rauque un homme qui entrait. Je retournai la tête, je reconnus le geôlier de la prison; il était toujours aussi laid, mais moins hideux. — Je viens chercher mon enfant, dit-il; je ne veux pas que ce soit l'enfant d'un autre; si je n'ai plus ma geôle à lui donner, comme mon père me donna la sienne, il portera ma hotte de chiffonnier : — Viens, Henri, dit-il à l'enfant; en même temps il tirait de sa hotte un lange blanc comme la neige; tout en s'approchant de la mère, mais sans la regarder, il saisit l'enfant avec toutes sortes de précautions; la pauvre créature dormait suspendue au sein maternel; il fallut lui faire violence pour l'arracher de cette place nourricière. L'enfant fut enveloppé dans son lange et placé dans la hotte; le vieux chiffonnier était triomphant : — Viens, mon Henri, disait-il, la misère ne déshonore pas, et tu ne seras pas touché par Charlot!

Il sortit; il était temps qu'il sortît. — Charlot! Au nom de Charlot, Henriette leva les yeux :

— Charlot! reprit-elle d'une voix altérée ; que veut-il dire, je vous prie? Et elle avait un tremblement convulsif.

— Hélas! Charlot, c'est ainsi que chez le peuple, et dans la langue des prisons, on appelle l'exécuteur des hautes-œuvres.

— Je m'en souviens, me dit-elle.

Puis, avec une expression indicible de douleur et de regrets, elle répéta : — Charlot! Charlot! c'était là votre mot d'ordre, n'est-ce pas? c'étaient là mes remords. — O malheureuse! que je suis coupable! Quels sévères avertissements vous m'avez donnés! Quel nom, sans vous en douter, vous prononciez devant moi! Charlot! toute mon enfance, toute ma première jeunesse! toute l'innocence de mes quinze ans! Charlot! la probité de mon père, la bénédiction de ma mère, le travail des champs, la pauvreté sans remords. Malheureuse fille que je suis! c'est la vanité qui m'a perdue! Vous qui m'aviez rencontrée si innocente sur le dos de Charlot, vous m'avez fait peur, et je vous ai évité par orgueil. La vanité m'a portée dans tous les abîmes où vous m'avez vue, où vous m'avez poursuivie avec le nom de Charlot! Vous me donniez de sages conseils, et j'ai pris vos conseils pour autant de moqueries. Pour donner un démenti au souvenir de Charlot, j'ai voulu être riche, honorée, puissante, fêtée; mais toujours le souvenir de Charlot a empoisonné toutes mes joies, a gâté tous mes triomphes. Vous qui aviez vu Charlot, vous qui l'aviez aimé, votre présence, votre voix, votre regard m'épouvantaient. — Et pourtant que de fois j'ai été prête à me jeter dans vos bras et à vous dire : — *Je l'aime, aime-moi!* Oh! pardon, pardon! me dit-elle; au nom de Charlot, pardon! Pitié, pitié pour moi, la femme souillée, perdue, criminelle, mourante!... Monsieur, oh! par charité chrétienne, embrassez-moi! Et elle me tendait les bras, et je sentis sa joue brûlante effleurer la mienne :... ce fut pour la première et la dernière fois.

. . . .
. . . .

On vint m'avertir que j'étais resté là trop longtemps.

XXVII.

LE BOURREAU.

Je courais, je volais, je fendais la foule qui ne pensait encore à rien, qui n'allait qu'à la Halle en attendant l'heure. Après bien des détours et bien des rues traversées, j'arrivai enfin dans une rue sans nom, à une porte sans numéro; toute la ville connaît cette maison. Une grille épaisse et revêtue de planches ferme l'entrée de la cour. Cette grille ne s'ouvre qu'aux grands jours. On pénètre dans la maison par une porte basse, garnie de clous à large tête; au milieu de cette porte s'entr'ouvre une bouche de fer plus redoutable que la Bouche-d'Airain à Venise, car, à coup sûr, quand on jette quelque chose dans cette boîte, c'est une sentence de mort; au-dessous de cette bouche ouverte est placé un marteau rouillé, car peu de mains y ont touché. La maison est entourée de silence et de terreur. Je frappai; un domestique vint m'ouvrir; je fus étonné de sa bonne tournure et de sa physionomie polie. Cet homme me fit entrer dans un beau salon, et alla voir si Monsieur était visible. Resté seul, j'eus tout le temps de parcourir deux ou trois jolies pièces meublées avec beaucoup de soin et de goût. C'étaient les tentures les plus fraîches, les gravures les mieux choisies, les meubles les plus commodes. Des fleurs nouvelles couvraient la cheminée, la pendule représentait un sujet mythologique, *Psyché* et l'*Amour*, et elle avançait d'un quart d'heure; sur le piano ouvert était placée une romance de quelque génie à la mode, soupirs cadencés et fugitifs à l'usage des passions parisiennes; un joli petit gant de femme était oublié sur le tapis. Dans un petit appartement reculé, un bon peintre avait représenté, se souriant l'un à l'autre, les deux jeunes maîtres de ce frais logis; je crus un instant que je m'étais trompé de maison.

Un peu plus loin, à travers la glace d'une porte, je découvris un vieillard vénérable, dont la tête était couverte de cheveux blancs. Aux côtés du vieillard se tenait debout, et dans l'attitude du plus profond respect, un jeune enfant tout blond, aux yeux d'azur; c'était l'aïeul qui donnait une leçon d'histoire à son petit-fils. Ce devait être là une chose singulière : l'histoire enseignée par ce vieil homme qui descendait, par un arbre généalogique tout sanglant, d'une longue suite de bourreaux, et qui lui-même avait été le bourreau de toute une génération! Certes, il avait vu, celui-là, le néant de la royauté et de la gloire. Il avait vu se courber sous son fer Lally-Tollendal et Louis XVI; il avait porté les mains sur la reine de France et sur madame Élisabeth : la majesté royale et la vertu! Il avait vu se coucher à ses pieds, dans le silence, cette foule d'honnêtes gens que la Terreur égorgeait sans pitié, tous les grands noms, tous les grands esprits, tous les grands courages du dix-huitième siècle; ce que Marat, Robespierre et Danton avaient rêvé à eux tous ensemble, il l'avait accompli à lui tout seul; il avait été le seul Dieu et le seul roi de cette époque sans autorité et sans croyance, un Dieu terrible, un roi inviolable. Il savait sur le bout du doigt, on peut le dire, toutes les nuances du plus noble sang, depuis le sang de la jeune fille qui range ses vêtements pour mourir, jusqu'au sang glacé du vieillard; il avait le secret de toutes les résignations et de tous les courages; et que de fois ce philosophe rouge est resté confondu, voyant le scélérat mourir avec autant de courage que l'honnête homme, le disciple de Voltaire tendre un cou aussi ferme que le chrétien ! Quelles pouvaient être les croyances de cet homme? Il avait vu la vertu traitée comme le crime. Il avait vu la courtisane trembler d'épouvante, sur le même plancher où la reine de France était montée d'un pas ferme. Il avait vu sur son échafaud toutes les vertus et tous les crimes; aujourd'hui Charlotte Corday, le lendemain Robespierre. Que devait-il comprendre à l'histoire? et comment la comprenait-il? Voilà une rude question !

Entra enfin l'homme que j'attendais. Il avait son habit et ses gants, il était prêt à sortir, je savais pour quel rendez-vous.

— Monsieur, me dit l'homme en jetant un regard inquiet sur la pendule, je ne m'appartiens pas aujourd'hui ; aurai-je l'honneur de savoir ce qui me vaut votre visite?

— Je venais, Monsieur, vous demander une grâce que vous ne me refuserez pas.

— Une grâce, Monsieur ! je serais heureux de pouvoir vous en accorder une : on m'en a demandé beaucoup, toujours en vain ; c'est demander grâce au rocher qui tombe.

— En ce cas-là, vous avez dû souvent vous estimer bien malheureux.

— Malheureux comme le rocher. J'exerce, il est vrai, un cruel ministère ; mais j'ai pour moi mon bon droit, le seul droit légitime qui n'ait pas été nié un seul instant dans notre époque.

— Vous avez raison, vous êtes une légitimité, une légitimité inviolable, Monsieur ; et en bonne histoire, il faut remonter jusqu'à vous pour démontrer la légitimité.

— Oui, reprit l'homme, il est sans exemple qu'on ait jamais nié mon bon droit. Révolution, anarchie, empire, restauration, rien n'y a fait ; mon droit est toujours resté à sa place, sans faire un pas ni en avant, ni en arrière. Sous mon glaive, la royauté a courbé la tête, puis le peuple, puis l'empire ; tout a passé sous mon joug : moi seul je n'ai pas eu de joug ; j'ai été plus fort que la loi, dont je suis la suprême sanction ; la loi a changé mille fois, moi seul je n'ai pas changé une seule ; j'ai été immuable comme le destin, et fort comme le devoir ; je suis sorti de tant d'épreuves avec le cœur pur, les mains sanglantes, la conscience sans tache. Quels sont les juges qui en pourraient dire autant que moi, le bourreau? Mais, encore une fois, le temps nous presse; oserais-je vous demander ce que vous me voulez?

— J'ai toujours entendu dire, lui répondis-je, que le condamné qu'on mettait entre vos mains était à vous en propre et vous appartenait tout entier; je viens vous prier de m'en céder un à qui je tiens beaucoup.

— Vous savez, Monsieur, à quelles conditions la loi me les donne?

— Je le sais; mais, la loi satisfaite, il vous reste quelque chose, un tronc et une tête; c'est cela même que je voudrais vous acheter à tout prix.

— Si ce n'est que cela, Monsieur, le marché sera bientôt fait. Et de nouveau interrogeant l'heure : — Avant tout, me dit-il, permettez-moi de donner quelques ordres indispensables.

Il sonna rapidement, et à ses ordres deux hommes arrivèrent. — Tenez-vous prêts pour deux heures et demie, leur dit-il; soyez habillés décemment; il s'agit d'une femme, et nous ne pouvons lui montrer trop d'égards. Cela dit, les deux hommes se retirèrent; au même instant sa femme et sa fille vinrent lui dire adieu. Sa fille était déjà une personne de seize ans, qui l'embrassa en souriant, et lui disant : A revoir! — Nous t'attendrons pour dîner, reprit sa femme. Puis se rapprochant, et à voix basse : — Si elle a de beaux cheveux noirs, je te prie de me les mettre en réserve pour me faire un tour!

L'homme se retourna de mon côté : — Les cheveux sont-ils dans notre marché? dit-il. — Tout en est, répondis-je, le tronc, la tête, les cheveux, tout, jusqu'au son imbibé de sang.

Il embrassa sa femme en lui disant : — Ce sera pour une autre fois.

XXVIII.

LE LINCEUL.

L'heure allait sonner, la fête sanglante était attendue. Chacun avait fait ses petites dispositions pour être tout prêt à voir mourir celle qui allait mourir. Paris est ainsi bâti : vice ou vertu, innocence ou crime, il ne s'informe guère de la victime, pourvu qu'il y ait mort ! Une minute d'agonie sur la place de Grève, de tous les spectacles gratis qu'on puisse donner à Paris, c'est le plus agréable. Pourtant cette horrible Grève a déjà bu tant de sang ! Pendant que toute cette ville impitoyable se précipitait haletante et pressée au-devant du tombereau fatal, je regagnai le haut de la rue d'Enfer; je m'enfonçai pour la dernière fois dans ce quartier perdu, où l'on dirait que l'humanité parisienne a placé l'entrepôt de toutes les infamies et de toutes les misères ; je repassai devant les Capucins où elle avait été, devant la Bourbe où elle n'était déjà plus, devant la riante maison du jeune charpentier ; il n'était pas chez lui, ni lui ni sa fiancée ; ils étaient allés voir tous les deux l'effet de la machine. On voyait encore dans la cour un vase qui avait contenu la couleur rouge avec laquelle on avait donné à l'échafaud une première et légère teinte de sang. Je passai devant la Salpêtrière ; le jeune enfant et sa mère étaient occupés à tresser encore une corde, comme s'ils eussent compris qu'il fallait remplacer celle que le bourreau allait couper tantôt. A la barrière, je retrouvai le mendiant qui faisait le héros ; le petit mendiant m'appela encore : *Mon Dieu !* Chose horrible ! deux vieillards appuyés l'un sur l'autre se traînaient d'un pas boiteux pour voir au moins quelque chose du supplice : c'étaient le père et la mère d'Henriette ! Ignorants et curieux, ils allaient, eux aussi, à cette fête où leur sang allait couler. En même temps, un

majordome à l'air important arrivait dans une lourde voiture ; je reconnus mon Italien. Je rencontrai ainsi presque tous les héros de mon livre ; leur vie n'avait pas fait un seul pas ; ils avaient deux ans de plus, voilà tout ; et moi j'avais épuisé ma vie, j'avais perdu les dernières illusions de ma première jeunesse ! Pour dernière promenade, j'allais attendre au cimetière de Clamart la livraison de mon marché du matin.

Il était deux heures; le soleil marchait lentement, et je suivais l'ombre allongée et poudreuse des peupliers de la grande route, lorsqu'au milieu d'une verte prairie j'aperçus une grande quantité de linge blanc étendu en plein air, sur des cordes attachées à des arbres; quelques femmes, agenouillées sur les bords du ruisseau voisin, faisaient retentir l'écho sous les coups multipliés de leurs battoirs; je me rappelai, et seulement alors, que je n'avais pas de linceul; je résolus d'en avoir un à tout prix. Je descendis dans la prairie; elle appartenait justement à ma petite Jenny; Jenny elle-même était assise sur une botte de foin destinée à son cheval, surveillant à la fois le linge étendu et le linge qui était au lavoir; du reste, toujours folle et bonne, et, de plus, enceinte de huit mois.

— Vous êtes bien triste! me dit-elle après le premier bonjour. — Tu trouves, Jenny? c'est que (j'ai besoin de toi) il me faut à l'instant même un grand linge pour ensevelir une pauvre fille qui se meurt.

— Elle se meurt! reprit Jenny; mais il y a peut-être encore de l'espoir; j'ai vu revenir de très-loin bien des jeunes filles que l'on croyait mortes, et qui se portent aussi bien que vous et moi.

— Pour elle seule, Jenny, pas d'espoir! A coup sûr,

l'infortunée sera morte à quatre heures! Hâte-toi donc, le temps presse, donne-moi de quoi l'ensevelir.

Jenny me conduisit au milieu de ses cordages, et me

montra son linge : — Ce n'est pas cela, lui dis-je ; il me faut quelque chose de plus fin ; une chemise de femme, par exemple : tu diras que tu l'as perdue, qu'on te l'a volée ; Jenny, tu diras tout ce que tu voudras, je la remplacerai ; mais il me la faut.

La bonne fille ne se le fit pas dire deux fois ; elle me fit traverser tout son linge, et je ne trouvais rien qui fût à la taille d'Henriette : tantôt il y avait trop d'ampleur, tantôt c'était l'excès contraire ; quelquefois le nom de la propriétaire m'arrêtait tout court ; je voulais qu'à défaut d'un peu de terre consacrée, cette malheureuse fille eût au moins un chaste linceul. Jenny me suivait toujours, sans rien comprendre à mon humeur.

A la fin, suspendu aux branches d'un amandier de la prairie, et déjà tout couvert de la fleur purpurine, je découvris le plus joli linceul qui se pût imaginer. C'était une belle toile de batiste, blanche et souple comme le satin, ornée tout en bas et tout en haut d'une légère broderie, et tellement animée par le zéphyr printanier, que vous eussiez dit parfois qu'il y avait un corps de seize ans sous ce fin tissu. — Voilà ce que je cherche, dis-je à Jenny ; voilà ce qu'il me faut ; donne-le-moi, et je suis content.

Jenny hésitait. En effet, ce beau linge appartenait à une belle personne innocente et jeune comme un enfant, qui devait se marier dans huit jours. — Mais j'avais l'air si satisfait de ma rencontre, que la bonne Jenny ne s'opposa pas plus longtemps à mes désirs. J'enveloppai avec soin mon riche et chaste linceul, et je partais, lorsque revenant sur mes pas :

— Ce n'est pas tout, dis-je à Jenny ; il me faut encore quelque chose, un linceul plus petit, une espèce de sac...

— C'est donc pour une femme en couches? me dit Jenny.

Je reculai épouvanté, comme si elle eût eu deviné mon secret : — Une femme en couches! qui te l'a dit, Jenny?

— Oui, reprit-elle, je vous comprends: un linceul pour la mère, un linceul pour l'enfant; et, jetant un regard sur sa taille rebondie, elle ajouta : C'est une bien triste mort!

— Hélas! oui, ma chère Jenny, une bien triste mort; on devrait ne pas tuer une femme qui vient d'être mère!

— Ou du moins, reprit Jenny, elle ne devrait mourir que lorsqu'elle n'a plus d'enfant à aimer.

J'ajoutai donc à mon premier linceul une taie d'oreiller à moi, sur laquelle ma tête avait si souvent, si délicieusement reposé.

Comme je m'éloignais, Jenny fit le signe de la croix, et murmura la prière pour les agonisants...

— Ainsi soit-il ! — *Amen !*

XXIX.

CLAMART.

Clamart est un cimetière, si l'on veut; c'est un morceau de terre dans lequel on fait semblant d'enterrer quelque chose; le prêtre ne l'a pas béni. Pour tout monument funèbre, on a élevé à Clamart un amphithéâtre de dissection. Par hasard, on a planté là-dedans plusieurs croix qui sont tombées d'elles-mêmes. Jamais les prières des morts n'y retentissent, jamais une fleur n'y est jetée; si quelqu'un s'agenouille en ces lieux, il entend des voix invisibles qui hurlent à ses oreilles. Clamart, c'est le champ de repos des suppliciés; ils y reposent deux heures à peine, ou, pour mieux dire, ils ne font qu'un saut de l'échafaud à la table de dissection. Dans ce champ inhospitalier, la sépulture n'est qu'un vain simulacre, la bière du mort n'est qu'un prêt qu'on lui fait : enseveli à cinq heures, il est dépouillé à sept heures de son linceul, pour l'instruction des Dupuytren à venir. Nous sommes de singuliers curieux! Nous avons fait du crime humain le livre de la sibylle. Mais, parmi les crimes humains, la science nouvelle n'en veut guère qu'aux plus horribles crimes. A peine le bourreau a-t-il porté sur une tête sa main sanglante, que le médecin arrive pour compléter l'œuvre du premier exécuteur. Quiconque a été un parricide, un empoisonneur, un assassin, un traître à la patrie, a de droit sa place dans le Panthéon phrénologique. Nous voulons savoir quel poids avait son cœur, comment sa tête était conformée; nous gardons précieusement ses reliques. En revanche, nous enfermons sans tant d'apprêts le simple honnête homme dans sa tombe, et, ceci fait, nous l'abandonnons aux vers et à l'oubli.

Un seul fossoyeur est occupé dans le cimetière de Clamart; il creusait un trou dans le sable.

— Vous y allez nonchalamment, brave homme, et votre fosse n'est guère profonde, à ce qu'il me paraît.

— J'y vais comme je puis, me répondit-il ; quant à la fosse, m'est avis qu'elle sera toujours assez profonde pour ce qu'on en veut faire ; et, d'ailleurs, le mort y resterait jusqu'à la fin du monde qu'il ne donnerait pas de contagion ; d'ordinaire, nous n'avons pas de pestiférés ici, ce sont tous des gaillards aussi sains que vous et moi.

— Je vois que vous êtes content de votre place, mon brave, et que vous ne portez envie à personne.

— Ne porter envie à personne ! Ah ! que ne suis-je seulement fossoyeur surnuméraire au Père-La-Chaise ! voilà un métier qui rapporte et qui amuse ! Ce sont, chaque jour, des pour-boire et des évolutions militaires ; c'est une suite non interrompue de mères désolées, de fils inconsolables et d'épouses en deuil ! et ensuite, des monuments superbes, des fleurs à répandre, des saules pleureurs à tailler, des petits jardins à entretenir. A chaque instant, ces gens riches ont besoin de payer quelqu'un pour représenter dignement leur propre douleur. Voilà sans doute un métier bien supportable. » Disant ces mots, il donnait un coup de bêche, puis il reprenait : « Et ici, au contraire, dans ce maudit lieu, rien; pas un petit convoi, pas un parent qui pleure, pas un bouquet à vendre! pour tout visage, des valets de bourreau qui à peine vous paient à boire. Triste métier! j'aimerais autant être gendarme ou commis de l'octroi. » Et il s'arrêtait sur sa bêche, dans l'attitude d'un honnête cultivateur qui voit s'achever une longue journée d'été.

— Il me faut cependant une fosse profonde, repris-je d'un air impérieux : six pieds ; creuse toujours, et tu auras, cela fait, un bon pour-boire.

— Six pieds pour un supplicié! vous n'y pensez guère; il faudrait une heure avant de le déterrer ce soir.

— Six pieds tout autant! le cadavre m'appartient!

— Raison de plus, mon bourgeois, si le cadavre est à vous, reprenait le fossoyeur; puis, retournant la tête : Il se fait tard, dit-il, ils ne peuvent manquer d'arriver bientôt.

En effet, je vis de loin venir lentement une lourde charrette; un voiturier à pied la conduisait; deux hommes étaient assis sur la banquette de devant, les bras croisés; on les eût pris pour deux garçons bouchers arrivant de l'abattoir. Au milieu de la charrette on pouvait distinguer confusément quelque chose de rouge et représentant grossièrement un corps humain;

c'était le panier destiné à recevoir le cadavre du condamné, quand justice est faite.

Arrivé à la porte du cimetière, un des hommes mit pied à terre; le fossoyeur, la casquette à la main, vint pour l'aider; pendant que l'homme qui était resté sur la charrette tenait la corbeille, les deux autres la rece-

vaient dans leurs bras; le fardeau était moins lourd qu'embarrassant; ils le laissèrent maladroitement tomber à mes pieds; la terre fut arrosée de quelques gouttelettes sanglantes; j'étais assis à moitié contre la borne, et je voyais tout cela confusément comme dans un songe.

Un des valets s'approcha de moi :

— C'est vous, me dit-il, que j'ai vu ce matin chez Monsieur?

— Moi-même; que me voulez-vous?

— Comme vous avez réclamé le corps de la condamnée, Monsieur a pensé que vous étiez peut-être son parent, et que vous ne voudriez pas qu'elle mourût insolvable; il m'a donc chargé de vous remettre la petite note que voici :

Je pris la petite note; elle était faite comme toutes les autres petites notes, comme une note d'épicier ou de marchande de modes, sur de beau papier blanc, en belle écriture; je la lus lentement, en homme qui voulait bien payer, mais qui ne voulait pas être trompé.

Voici la note littéralement copiée :

	fr.	c.
Pour placement et déplacement de la guillotine, à Prosper le charpentier.	50	»
Pour une course en voiture du Palais-de-Justice à la Grève.	6	»
Pour avoir fait aiguiser le couteau à neuf, et réparations amicales.	2	»
Une chandelle pour graisser la rainure.	»	30
A reporter.	58	30

	fr.	c.
Report....	58	30
Pour le son dans le sac.................	»	20
A Monsieur, pour son droit..............	200	»
Au premier valet.....................	20	»
Pour trois petits verres que nous allons boire à la santé de la défunte......................	»	30
Le corps entier......................	60	»
Total.....	338	80

Pour acquit.

Voilà tout le compte? demandai-je au premier valet.

— C'est au plus juste, me dit-il; vous ne payez pas un sou de plus que la ville de Paris; du moins, aurez-vous la consolation de savoir que la défunte n'est pas morte aux frais du gouvernement.

Mais je relus le compte : — Il y a trois francs de trop à votre bénéfice, Monsieur, repris-je en faisant la preuve.

Je payai comme s'il n'y avait pas eu d'erreur.

Puis je fis l'inventaire de la corbeille rouge; le valet l'ouvrit; il en sortit d'abord une tête épuisée de sang, les cheveux coupés et tranchés comme par un rasoir; la bouche était contractée horriblement; l'œil était éteint, et cependant il semblait vous regarder encore; la convulsion avait été si forte que les mâchoires n'étaient plus parallèles; de sorte que cette bouche, si remplie de sourires et de mille grâces, était fermée d'un côté et horriblement ouverte de l'autre.

— Malheureuse! elle a dû bien souffrir!

— Mais, pas absolument, me répondit le second valet, qui tenait le haut de l'enveloppe; nous avons eu pour elle mille égards dès qu'elle nous a été livrée; nous l'avons fait asseoir un instant; nous avons coupé, avec des

ciseaux neufs, ses longs cheveux noirs; puis, sans la faire languir, nous l'avons portée jusqu'à la charrette, et je vous assure que c'était un fardeau bien léger.

— Vous l'avez portée ! elle était donc bien tremblante? Pauvre femme! la tuer ainsi, si jeune et si belle!

— Oui, Monsieur, fort belle, en vérité. On disait qu'elle avait été une fille de joie, mais il n'y paraissait pas, tant elle était timide, réservée, tremblante. Elle portait une robe de laine noire dont le haut se terminait à ses épaules ; un petit fichu de crêpe couvrait son cou ; cette femme avait les épaules très-fines, le sein très-beau, le cou très-blanc.

— Ajoute aussi qu'elle avait des mains charmantes, reprit l'autre valet; c'est moi qui les ai attachées; des mains douces, fines et blanches; et des pieds! je les ai attachés aussi, mais simplement pour la forme : j'aurais eu peur de la blesser. C'était là une parfaitement belle créature, à tout prendre.

— Et cependant, cette belle créature vous l'avez tuée impitoyablement....

— Nous avons fait pour elle tout ce que nous pouvions faire, reprit le premier valet ; nous l'avons soutenue, nous lui avons caché l'échafaud : aussi est-elle morte avec honneur.

— Et, avant de mourir, n'a-t-elle demandé personne?

— Personne ; seulement, en sortant de la prison et

pendant tout le chemin, qui a été long, elle a regardé plusieurs fois autour d'elle d'un air inquiet et comme si elle s'attendait à trouver une connaissance dans la foule.

— Oui, reprit l'autre; et quand elle n'a vu personne, elle a dit tout bas : *Charlot, Charlot!* puis elle a poussé un profond soupir; et je n'ai pu m'empêcher

de rire quand j'ai vu mon maître se retourner au nom de Charlot : il croyait qu'on l'appelait.

Je mis fin à cette conversation : — Laissez-moi, laissez-moi, dis-je aux deux bourreaux; donnez-moi le corps, et partez.

Le corps était sorti à moitié du panier rouge, l'autre moitié en fut tirée... toute nue!

Le fossoyeur approcha la bière près du cadavre : — Maître, dit-il, je reviens dans un instant; je vais boire la goutte avec ces messieurs, et je reviens.

Alors je déployai mon double linceul. Je pris à deux mains cette tête tranchée, je la parai de ses beaux cheveux noirs, j'enfonçai tête et cheveux dans ma taie d'oreiller, et je plaçai l'oreiller à l'extrémité du cercueil.

Restait le corps. Mais comment donc l'ensevelir à moi tout seul? Sylvio était déjà là près de moi. Bon Sylvio! Il leva de ses deux mains courageuses ce pauvre corps décapité; moi, je portais ces deux pieds blancs et froids comme la neige. Hélas! le sang et le lait coulaient à la fois de ce beau corps. Nous posâmes le cadavre dans la chemise blanche, transparent linceul, qui couvrait à peine ces deux mains doucement effilées; mais cependant les épaules étaient entièrement couvertes, et même il restait assez de cou pour qu'on pût attacher le nœud qui devait fixer ce vêtement funèbre.

De vieilles femmes, de jeunes femmes, toutes les femmes de l'endroit avaient fait irruption dans le cimetière, et nous regardaient faire, moi et Sylvio.

— Sainte Vierge! s'écria l'une d'elles, n'est-ce pas un meurtre de voir de si beau linge jeté dans la terre comme un cadavre?

— Encore si c'était dans une terre bénite! disait une autre.

— Vous verrez qu'une guillotinée aura des chemises plus neuves qu'une chrétienne! reprenait une troisième.

Parmi toutes ces femmes il y avait un homme gros, fleuri, à la voix douce et flûtée, un philosophe, un beau parleur; cet homme se tenait sur le bord de la fosse, aussi attentif à tout voir qu'à tout entendre. Il était si calme, si tranquille, si curieux, si à l'aise, à cette place! Entre autres observations, il en fit une qui était atroce et dont je me souviens maintenant. Je venais de fixer le linceul d'une main tremblante, et je disais tout bas un dernier adieu à mes tristes amours; lui, cependant, il expliquait à ces femmes comment ces chemises de femme sans col étaient plus favorables que les nôtres à une exécution. — La toilette est plus vite faite, disait-il; le bourreau n'est pas obligé de couper la chemise de la condamnée, et vous pensez que ce doit être terrible, ces ciseaux froids qui grincent derrière ce cou que l'on va trancher tout à l'heure. Puis, remarquant les grosses larmes qui roulaient dans mes yeux : — Peines de cœur, reprit-il en haussant légèrement les épaules; que les hommes sont insensés! J'ai été dix ans de la musique de Saint-Pierre à Rome; j'ai été maître de chapelle à Florence; j'ai été premier chanteur sur le théâtre de la Scala, à Milan; j'ai partagé les plus brillantes passions qui aient enflammé les belles Italiennes; j'ai parcouru Venise sous le domino rose et sous le masque noir du carnaval; j'ai vu des femmes mourir pour leurs amours, et je n'ai pas senti une fois cette folle passion qu'on appelle l'amour.

Disant ces mots, notre homme se retranchait derrière la haie fleurie de son égoïsme.

Les femmes le regardaient avec horreur; et pardieu! vous n'aurez pas de peine à le croire : cet homme si heureux, si fleuri, c'était un soprano napolitain!

Ainsi donc, dans tout le cours de ce récit, nulle horreur ne devait m'être épargnée, pas même la consolation d'un soprano!

Quand tout fut en ordre dans le cercueil, la tête à sa place, au haut du corps, et comme si rien n'eût été tranché, Sylvio referma la bière; et ceci fait, tous les deux nous faisions sentinelle sur le bord de la fosse, les bras croisés, car le fossoyeur n'arrivait pas. Cependant la nuit descendait lentement, le ciel se colorait de ces légères teintes si vives et si calmes qui terminent un beau jour. Tout là-bas, à mes pieds, Paris, cette même ville qui venait d'immoler sans pitié cette jeune femme couchée là, se préparait sans remords à ses fêtes, à ses plaisirs, à ses concerts, à ses danses, à ses amours de chaque soir. Où donc es-tu, ma pauvre Henriette? Où s'est donc envolée, non pas ton âme, mais ta beauté? Où donc se repose maintenant ton dernier sourire? Pauvre enfant! à cette heure, la place de ton vice et de ta beauté est déjà prise. D'autres femmes, d'autres vices de vingt ans, t'ont remplacée dans l'amour et l'admiration des hommes. Nul ne se souvient plus déjà, pas même les vieillards à la tête chenue à qui tu faisais l'aumône de ton amour, de toute cette jeunesse qui a brillé, qui a passé comme l'éclair! pas un ne sait plus même ton nom! On ne dit même pas, en parlant de toi : elle es morte ! on l'a tuée! car on ne sait même pas si tu es morte ; on ne sait pas si c'est une femme qui a été immolée aujourd'hui. Eux cependant, les heureux de ce monde, les ingrats, ils se livrent à de nouvelles victimes qu'ils écraseront avec le même sang-froid impitoyable. Oh ! morte ainsi ! morte pour eux et par eux! morte parce qu'elle était belle, pauvre et faible, et parce qu'elle s'est vengée! morte assassinée par cette ville qui l'a corrompue! Morte quand elle n'a plus eu à donner que son sang à cette ville infâme, qui lui avait pris son innocence et sa beauté! Morte pour qui? et par qui? juste ciel!

Oui, ce moment d'attente sur le bord de cette fosse fut un moment cruel. Ces tristes souvenirs m'assiégeaient en foule, à côté de ce cadavre. Toutes ces apparitions décevantes ou terribles repassaient devant moi avec un sourire ou une malédiction. J'étais la proie d'un horrible cauchemar. Je revoyais d'un coup d'œil toute cette histoire moitié vice et moitié vertu, où la vérité l'emporte sur la fiction, où le royal lambeau de pourpre est attaché sans grâce au plus vil haillon. Quel rêve affreux et sans fin j'avais fait là!

La nuit était tombée tout à fait quand revint le fossoyeur; il était à moitié ivre et il fredonnait une chanson bachique. Il fut très-étonné de nous retrouver à cette même place, mais cependant il se mit à l'œuvre. La bière fut descendue dans la fosse; la terre tomba sur ce bois sonore qui jeta un cri plaintif; peu à peu le bruit allait en s'affaiblissant. — Courage! dis-je au fossoyeur; il nous faut dans ce trou beaucoup de terre! Et pour mieux m'obéir, le brave homme se mit à danser sur la fosse, en reprenant sa chanson : *J'aime mieux boire!*

En ce moment nous étions seuls, Sylvio et moi ; les curieux, n'ayant plus rien à voir, étaient partis. — Je m'enhardis jusqu'à me mettre à genoux. Je cherchai dans mon cœur quelque sainte prière, mais en vain. A peine pouvais-je retrouver quelques-unes de ces paroles consacrées à ceux qui ne sont plus : — *De profundis clamavi ad te*, et le fossoyeur répondait en faux-bourdon : *J'aime mieux boire!*

Sylvio m'arracha violemment à cette terrible scène : — Adieu, Henriette, adieu la fille de joie, mon cher et innocent amour! Je reviendrai demain.

Le lendemain, je revins seul, ma tête pleine de prières, mon cœur plein de pitié, mes yeux pleins de larmes, mes mains pleines de fleurs ; mais arrivé à cette même place où se voyaient encore quelques gouttes de sang, il n'y avait déjà plus de tombe. Cette fosse vide et à demi comblée avait lâché sa proie ; l'École de Médecine avait volé le cadavre ; le fossoyeur, à jeun, avait repris, pour le revendre à un autre condamné, ce cercueil banal ; les femmes de l'endroit s'étaient battues à qui aurait le linceul, pour se parer, vivantes, de ce vêtement de la mort ; la taie d'oreiller était échue au soprano napolitain; une autre fille de joie avait déjà acheté, pour en parer sa tête chauve, ces beaux cheveux noirs. — Rien n'était plus.

Ce dernier outrage, ou plutôt ce dernier supplice, après le dernier supplice, me parut horrible. Pour la dernière fois que cette pauvre fille échappait à ma pitié, ce fut la plus affreuse. A présent il m'était impossible de retrouver d'elle, même un lambeau ! En ce moment, je m'avouai vaincu sans retour. A force de sang-froid, de persévérance et de triste courage, je l'avais suivie jusqu'au bout dans son sentier funeste de candeur et de vices, de fleurs et d'épines; mais, arrivé là, je perdais sa trace sans retour. J'avais pu la disputer à la corruption, à la maladie, à la misère, à la prostitution, au bourreau, au fossoyeur.... je l'aurais disputée aux vers du tombeau ; mais allez donc l'arracher au scalpel du chirurgien ! Eh! malheureux! n'as-tu pas voulu aussi la disputer au nouvel art poétique de ton pays !

Ainsi, je gardai pour moi mes prières inutiles, je refoulai ma douleur dans mon cœur ; le vent du matin sécha dans mes yeux ma dernière larme ; je jetai loin de moi ces fleurs que j'apportais sur cette tombe vide. Et voilà pourtant, malheureux que tu es, m'écriai-je dans mon désespoir, ce que tu as gagné à courir après l'horrible : plus d'espérance dans ton âme, plus de larmes dans tes yeux, plus de fleurs dans tes mains, plus rien même dans ce tombeau !

TABLE DES MATIÈRES.

Préface..	I
Chapitre I. La Barrière du Combat............................	1
II. Le Bon Lapin..	12
III. Les Systèmes...	23
IV. La Morgue...	44
V. La Soirée Médicale..	58
VI. La Quêteuse..	63
VII. La Vertu...	72
VIII. Traité de la Laideur morale.........................	81
IX. L'Inventaire...	87
X. Poésie..	97
XI. Jenny..	102
XII. L'Homme-Modèle..	108
XIII. Le Père et la Mère.......................................	112
XIV. Les Mémoires d'un Pendu............................	119
XV. Le Pal...	138
XVI. Les Capucins...	157
XVII. Le Retour...	167
XVIII. Lupanar..	174
XIX. Sylvio...	196
XX. La Cour d'assises...	207
XXI. Le Cachot...	216
XXII. Le Geôlier..	225
XXIII. La Salpêtrière...	233
XXIV. Le Baiser..	238
XXV. Le dernier Jour d'un Condamné.................	245
XXVI. La Bourbe...	265
XXVII. Le Bourreau...	274
XXVIII. Le Linceul...	281
XXIX. Clamart...	289

a joindre 13 Gravures

Tony Johannot — Hebert sc.

L'âne mort
par J. Janin.
m. f. 14, 15, 16.

www.ingramcontent.com/pod-product-compliance
Lightning Source LLC
Chambersburg PA
CBHW072014150426
43194CB00008B/1110